PSYCHODYNAMIK **Kompakt**

Herausgegeben von
Franz Resch und Inge Seiffge-Krenke

Mathias Kohrs / Annegret Boll-Klatt

Melanie Klein: Innere Welten zwischen Mythos und Beobachtung

Mit einer Abbildung

Vandenhoeck & Ruprecht

Bibliografische Information der Deutschen Nationalbibliothek:
Die Deutsche Nationalbibliothek verzeichnet diese Publikation in der
Deutschen Nationalbibliografie; detaillierte bibliografische Daten sind
im Internet über https://dnb.de abrufbar.

© 2019, Vandenhoeck & Ruprecht GmbH & Co. KG,
Theaterstraße 13, D-37073 Göttingen
Alle Rechte vorbehalten. Das Werk und seine Teile sind urheberrechtlich
geschützt. Jede Verwertung in anderen als den gesetzlich zugelassenen Fällen
bedarf der vorherigen schriftlichen Einwilligung des Verlages.

Umschlagabbildung: Paul Klee, Fänger, 1930/akg-images

Satz: SchwabScantechnik, Göttingen
Druck und Bindung: ⊕ Hubert & Co. BuchPartner, Göttingen
Printed in the EU

Vandenhoeck & Ruprecht Verlage | www.vandenhoeck-ruprecht-verlage.com

ISSN 2566-6401
ISBN 978-3-525-45908-9

Inhalt

Vorwort zur Reihe 7

Vorwort zum Band 9

1 Einführende Überlegungen 12

2 Melanie Klein 16
   2.1 Warum Melanie Klein? – Ein Plädoyer für Abgründe ... 16
   2.2 Wer war Melanie Klein? 18
   2.3 Verfolgende Objekte und schwierige Patienten 20

3 Der psychoanalytische Säugling – Kindheit als Narrativ! ... 25

4 Von Freud zu Klein: Unbewusste Phantasien und
   frühe Objektbeziehungen 28

5 Unwiderstehliche Ängste – die paranoid-schizoide Position:
   Sprechen über Unsagbares 32

6 Die depressive Position – Trauer, Schuld und ganze Objekte 40

7 Bion – die Entwicklung des Denkens aus der Not 44

8 Fallbeispiel 49

9 Innere Welten als Ergebnis von Direktbeobachtung und
   Experimenten 52

10 Unterschiedliche Forschungsmethoden – das Spannungsfeld zwischen den klassischen psychoanalytischen Entwicklungstheorien und der psychoanalytisch inspirierten empirischen Säuglings- und Kleinkindforschung 55

11 Der kompetente Säugling – die Psychologie Sterns zur Entwicklung des Selbst 60
    11.1 Phase des auftauchenden Selbstempfindens 62
    11.2 Phase des Kernselbstempfindens 63
    11.3 Phase des subjektiven Selbstempfindens 64
    11.4 Phase des Empfindens eines verbalen Selbst 66

12 Gemeinsamkeiten und Unterschiede der Ansätze von Melanie Klein und Daniel Stern 68

13 Wie viel Integration ist möglich und sinnvoll? 73

14 Bedeutung der Säuglings- und Kleinkindforschung für die psychotherapeutische Arbeit 77

Literatur 79

Vorwort zur Reihe

Zielsetzung von PSYCHODYNAMIK KOMPAKT ist es, alle psychotherapeutisch Interessierten, die in verschiedenen Settings mit unterschiedlichen Klientengruppen arbeiten, zu aktuellen und wichtigen Fragestellungen anzusprechen. Die Reihe soll Diskussionsgrundlagen liefern, den Forschungsstand aufarbeiten, Therapieerfahrungen vermitteln und neue Konzepte vorstellen: theoretisch fundiert, kurz, bündig und praxistauglich.

Die Psychoanalyse hat nicht nur historisch beeindruckende Modellvorstellungen für das Verständnis und die psychotherapeutische Behandlung von Patienten und Patientinnen hervorgebracht. In den letzten Jahren sind neue Entwicklungen hinzugekommen, die klassische Konzepte erweitern, ergänzen und für den therapeutischen Alltag fruchtbar machen. Psychodynamisch denken und handeln ist mehr und mehr in verschiedensten Berufsfeldern gefordert, nicht nur in den klassischen psychotherapeutischen Angeboten. Mit einer schlanken Handreichung von 70 bis 80 Seiten je Band kann sich die Leserin, der Leser schnell und kompetent zu den unterschiedlichen Themen auf den Stand bringen.

Themenschwerpunkte sind unter anderem:
- *Kernbegriffe und Konzepte* wie zum Beispiel therapeutische Haltung und therapeutische Beziehung, Widerstand und Abwehr, Interventionsformen, Arbeitsbündnis, Übertragung und Gegenübertragung, Trauma, Mitgefühl und Achtsamkeit, Autonomie und Selbstbestimmung, Bindung.
- *Neuere und integrative Konzepte und Behandlungsansätze* wie zum Beispiel Übertragungsfokussierte Psychotherapie, Schematherapie,

Mentalisierungsbasierte Therapie, Traumatherapie, internetbasierte Therapie, Psychotherapie und Pharmakotherapie, Verhaltenstherapie und psychodynamische Ansätze.
- *Störungsbezogene Behandlungsansätze* wie zum Beispiel Dissoziation und Traumatisierung, Persönlichkeitsstörungen, Essstörungen, Borderline-Störungen bei Männern, autistische Störungen, ADHS bei Frauen.
- *Lösungen für Problemsituationen in Behandlungen* wie zum Beispiel bei Beginn und Ende der Therapie, suizidalen Gefährdungen, Schweigen, Verweigern, Agieren, Therapieabbrüchen; Kunst als therapeutisches Medium, Symbolisierung und Kreativität, Umgang mit Grenzen.
- *Arbeitsfelder jenseits klassischer Settings* wie zum Beispiel Supervision, psychodynamische Beratung, Soziale Arbeit, Arbeit mit Geflüchteten und Migranten, Psychotherapie im Alter, die Arbeit mit Angehörigen, Eltern, Familien, Gruppen, Eltern-Säuglings-Kleinkind-Psychotherapie.
- *Berufsbild, Effektivität, Evaluation* wie zum Beispiel zentrale Wirkprinzipien psychodynamischer Therapie, psychotherapeutische Identität, Psychotherapieforschung.

Alle Themen werden von ausgewiesenen Expertinnen und Experten bearbeitet. Die Bände enthalten Fallbeispiele und konkrete Umsetzungen für psychodynamisches Arbeiten. Ziel ist es, auch jenseits des therapeutischen Schulendenkens psychodynamische Konzepte verstehbar zu machen, deren Wirkprinzipien und Praxisfelder aufzuzeigen und damit für alle Therapeutinnen und Therapeuten eine gemeinsame Verständnisgrundlage zu schaffen, die den Dialog befördern kann.

Franz Resch und Inge Seiffge-Krenke

Vorwort zum Band

Dieses Buch versucht, das Spannungsfeld zwischen Entwicklungstheorien und Entwicklungspsychologien zu veranschaulichen, mit dem wir uns heute auseinandersetzen müssen, wenn wir Psychoanalysen und psychodynamische Therapien konzeptualisieren und durchführen. Auf Rekonstruktion beruhenden retrograden Beschreibungen, die den sogenannten »Säugling im Patienten« abbilden, steht der »Säugling der Beobachtung« gegenüber. Exemplarisch für die vielen Kontroversen zu dieser Thematik ist die Auseinandersetzung zwischen Daniel Stern und André Green zu nennen. Melanie Kleins Theorie wird als paradigmatisch für das deduktive Vorgehen der klassischen psychoanalytischen Entwicklungstheorie betrachtet und den Ergebnissen des induktiven Vorgehens der Säuglings- und Kleinkindforschung gegenübergestellt. Eine erkenntnistheoretische Integration unterschiedlicher methodischer Ansätze der Beobachtung und Introspektion wird von Psychoanalytikern und psychodynamischen Psychotherapeuten gefordert. Auch Einfühlung beruht auf guter Beobachtung. Dennoch ist es in Zeiten, in denen integrativem Denken ein hoher Wert beigemessen wird, unverzichtbar, auch das Unvereinbare, wesensmäßig komplett Unterschiedliche zu benennen bzw. einzufordern, dass die im psychotherapeutischen Feld Tätigen diese Diskrepanzen und deren Komplexität in ihrem psychischen Binnenraum halten können.

Was können wir von Melanie Klein lernen? Sie zeigt uns, wie sehr unser frühes Leben bestimmt ist vom existenziellen Ringen um das Überleben des infantilen Selbst in Zuständen, die immer wieder zwischen Todesangst und seligem Triumph oszillieren. Im späteren Leben tauchen solche archaischen Erfahrungen wie archäologische Fundstücke auf und konfrontieren uns mit der Ungültigkeit lieb gewordener Annahmen, dass das Abgründige im Normalen nicht zugegen sei. Die Grenzen zwischen seelischer Gesundheit und Psychopathologie werden dadurch aufgehoben und verwirrende und destruktive Prozesse auch im normalen Seelenleben sichtbar gemacht. Das wird immer wieder von uns Therapeutinnen und Therapeuten als Zumutung empfunden, wobei die Autoren dieses Buches dies eine »zumutbare Unzumutbarkeit« nennen.

Projektion, Introjektion, projektive Identifizierung (vgl. Frank u. Weiß, 2017) sind heute in das therapeutische Allgemeinverständnis übergegangen, ohne dass man sich der gedanklichen Quelle, des Ausgangspunkts bewusst wird. Diese Begriffe für komplexe intrapsychische Prozesse erlauben uns Zugang zu Patienten, welche sich dem »klassischen Szenario in gewisser Weise widersetzen«.

Um die kleinianische Konzeption besser zu verstehen, muss man sich mit der psychoanalytischen Entwicklungspsychologie auseinandersetzen. Der psychoanalytische Säugling ist gleichsam das Produkt eines retrograd als Narrativ erfassten Kindheitsgeschehens. Im Gegensatz zu Freud setzte sich Klein ausführlich mit der Phantasiewelt kindlicher Patienten auseinander und kam zu dem wichtigen Schluss, dass die Ich-Struktur und intellektuelle Leistungsfähigkeit von Kleinkindern weit unterschätzt werden. Sie erkannte, dass unbewusste infantile Phantasien als frühe Abwehr- und Bewältigungsmechanismen aufzufassen seien. Innere Objekte sind nicht Abbilder von Bezugspersonen, sondern Repräsentanten intensiver Affekte, Impulse, Bedürfnisse und Ängste des kindlichen Selbst. Der umstrittene Begriff der »paranoid-schizoiden Position« versucht, diese frühen emotionalen Turbulenzen und die daraus resultierende Objektbeziehungsdynamik zu formulieren. Er stellt den Versuch dar, das »ungedachte Bekannte« der Frühzeit des kindlichen Selbst mit impliziten Gedächtnisspuren in Worte zu fassen.

Bion hat diese Ideen weiterentwickelt und das »Denken aus der Not« konzeptualisiert. Die emotionale Einbettung im »Containing«

bildet die Entwicklungsgrundlage des kindlichen Denkens. So ist das Kind nicht seinen Befindlichkeiten ausgeliefert, solange es diese noch nicht verstehen kann.

Ganz andere Zugänge zur Entwicklung liefern die Beobachtungen der Säuglings- und Kleinkindforschung. Ausgehend von den Beobachtungsergebnissen, die einen »kompetenten Säugling« beschreiben, der von Beginn des Lebens an auf die ihn umgebende Welt bezogen ist, hat Daniel Stern ein Modell der frühen Selbstentwicklung entworfen, in deren Mittelpunkt das somato-affektive Selbstempfinden steht. An Beispielen wird die Bedeutung der Säuglings- und Kleinkindforschung für die psychotherapeutische Arbeit hervorgehoben. Daran anschließend wenden sich die Autoren noch einmal der Frage zu, wie viel Integration sinnvoll und möglich ist, und fokussieren u. a. auf die Bedeutung körperlicher Prozesse, Zustände und Empfindungen als eine Klammer der so unterschiedlichen Ansätze. Konkrete Fallbeispiele bereichern dieses lesenswerte und um konzeptuelle Offenheit bemühte Buch.

Inge Seiffge-Krenke und Franz Resch

>»Weil die Psychoanalyse keine Psychologie
und die Triebtheorie unsere Mythologie ist
und weil die Mythen zuweilen der Weg sind,
Wahrheiten auszusprechen, die auf andere
Weise nicht gesagt werden können«
(Green, 2000a, S. 285).

1 Einführende Überlegungen

Als wir gebeten wurden, dieses Buch als Einführung und ersten Überblick über die grundlegenden Gedanken im Werk Melanie Kleins – dazu noch im Gegenlicht der Säuglings- und Kleinkindforschung – zu entwerfen, waren wir spontan interessiert. Dann folgten Zweifel.

An Melanie Kleins Werk, ihrem Gedankengebäude und den daraus folgenden therapeutischen Konzepten scheiden sich die Geister. Auf der einen Seite bildet die kleinianische Community im weiten Feld der inzwischen hoch diversifizierten Landschaft psychoanalytischer Schulen eine besonders abgeschottete Bastion psychoanalytischer Orthodoxie. Es entsteht häufig der Eindruck einer Glaubensgemeinschaft, die ungern in Kontakt mit der übrigen psychodynamischen Welt gerät und noch weniger bereit ist, sich mit wissenschaftlichen Resultaten sonstiger Provenienz, etwa der Säuglingsforschung, auseinanderzusetzen.

Auf der anderen Seite stehen viele psychodynamische Praktiker dem kleinianischen Gedankengut skeptisch bis ablehnend gegenüber, um es sehr vorsichtig zu formulieren. Tatsächlich kommt es häufig zu massiven gegenseitigen Entwertungen, und all diese Phänomene weisen natürlich üblicherweise darauf hin, dass es hier um Wesentliches geht, das aber überwiegend nicht verhandelt werden kann.

Was möchte also dieses Buch?

Die Autoren sind vor dem Hintergrund ihrer langen Erfahrung in der Ausbildung junger Psychotherapeutinnen und Psychotherapeuten davon überzeugt, dass das kleinianische Konzept unverzichtbare Axiome für ein psychodynamisches Denken und therapeutisches Arbeiten bereithält. Viele dieser Axiome haben im Übrigen häufig längst Eingang in zahlreiche Konzeptionen anderer Schulen gefunden und werden von Psychodynamikern selbstverständlich genutzt, ohne dass der kleinianische Ursprung immer genannt oder auch nur mitgedacht wird. Als Beispiel sei das Konzept der *projektiven Identifizierung* genannt, das inzwischen in zahlreichen theoretischen Systemen genutzt wird und etwa in der modernen intersubjektiven Psychoanalyse unverzichtbar geworden ist (vgl. Bohleber, 2018, S. 718 ff.). Es geht aber noch um mehr.

Es besteht im Rahmen des Mainstreams psychodynamischer Psychotherapie eine gewisse Tendenz – und aus Sicht der Autoren die Gefahr –, unter dem Druck unterschiedlicher Faktoren sehr zielorientierte, störungsspezifische Konzeptionen zu entwickeln. Diese lassen sich unter Umständen manualisieren, gut lehren und lernen, allerdings geht dabei manchmal auch etwas substanziell Psychoanalytisches verloren: das Wissen um das ganz Andere des Unbewussten, mit dem sich jeder Mensch in einer existenziellen Auseinandersetzung befindet, und das ein Leben lang (vgl. Boll-Klatt u. Kohrs, 2018a, S. 3 ff.). Wie Freud es für die Entwicklung unserer Psychosexualität nachgewiesen hat, liegt am Urgrund unserer Seele der nicht auflösbare Konflikt zwischen dem triebhaften Streben mit all seinem regressiven Potenzial und den Anforderungen der Realität, Kultur und Moral.

In der Auseinandersetzung mit kleinianischem Denken lässt sich vermutlich besonders deutlich – und hoffentlich fruchtbar – diskutieren, was nach Auffassung der Autoren in der heutigen Ausbildung junger Psychotherapeutinnen und -therapeuten unverzichtbar ist: die Diversifizierung und der Pluralismus der psychodynamischen Konzeptionen in ihrer Doppelgesichtigkeit als ungeheurer Reichtum einerseits und als ungeheuerliche Zumutung andererseits. Zumutung eben deshalb, weil die zahllosen Konzeptionen unterschiedliche Perspektiven bieten, die aber häufig nicht zu integrieren sind, die unvereinbar bleiben. Daher kann man sich eben nicht auf die behagliche Position eines vielschichtigen Theoriegebäudes zurückziehen, aus dem man sich je nach Bedarf bedienen könnte. Es handelt sich eher um eine »Pluralität der Orthodoxien« (Bohleber, 2019, S. 12), und das schließt eben auch moderne Orthodoxien ein, die häufig nicht bereit oder fähig sind, den komplexen, nicht leicht zu operationalisierenden Reichtum der Konzepte des Unbewussten anzuerkennen.

Das Problem wird wohl nirgends so deutlich wie in der Konfrontation unterschiedlicher Entwicklungstheorien. Sosehr »Klinik und das klinische Denken der Mutterboden der Psychoanalyse« waren und sind (Bohleber, 2019, S. 11), das heißt, die Auseinandersetzung mit den Problemen der Behandlung schwieriger Patienten das Umdenken der psychoanalytischen Theorien immer wieder geradezu erzwungen hat, ist die Grundierung, ja Verwurzelung dieser Konzeptionen in je spezifischen und häufig nicht zu vereinbarenden entwicklungstheoretischen Vorstellungen ein davon nicht zu lösendes Phänomen.

Diese Auseinandersetzung mit der Entwicklungspsychologie liegt an der Geburtsstunde der Psychoanalyse, denn Freuds Vorstellungen der unbewussten Prozesse seiner erwachsenen Patientinnen und Patienten beinhalteten von Beginn an die Lesart als quasi archäologische Fundstücke aus frühester Zeit. Diese Sichtweise gilt für die kleinianische Konzeption noch viel radikaler, wie später gezeigt wird.

Moderne Säuglingsforschung – unten exemplarisch dargestellt anhand der Arbeiten Daniel Sterns – bildet dazu einen Kontrast, wie er kaum stärker zu denken ist. Das schon deshalb, weil die Motivation dieser wissenschaftlichen Perspektive ursprünglich eine ganz andere war. Es ging nicht um klinische Fragen, insbesondere keine behandlungstechnischen, sondern um die empirische Beforschung messbarer Entwicklungsschritte, die operationalisierbar waren und die zunehmend die konkrete Beziehung und das bezogene Verhalten zwischen Mutter und Kind mit einschlossen.

Um es hier ganz knapp zu sagen: Die Konzeptionen liegen *sehr* weit auseinander. Gleichzeitig hat sich gezeigt, dass die aus der Beobachtung resultierenden Befunde – beginnend mit der Bindungsforschung und -theorie bis hin zur Mentalisierungsbasierten Psychotherapie – zunehmend an Bedeutung innerhalb der psychodynamischen Verfahren gewonnen haben. Deutlich wurde aber auch, dass das ihnen zugrunde liegende Entwicklungsmodell ein Reifungsmodell ist. Im Gegensatz dazu arbeiten die meisten psychoanalytischen Konzeptionen mit einem Konfliktmodell, das schon und insbesondere das Kleinkind in existenziell bedrohlichen Überlebenskämpfen sieht, von deren Ausgang ganze Lebensprozesse abhängen.

Wir werden – hoffentlich – zeigen können, dass es hier mehr Brücken gibt, als es häufig vertreten wird, allerdings: Es bleiben auch unüberbrückbare Differenzen, die es auszuhalten gilt! Nach Auffassung der Autoren ist dies eine zumutbare Unzumutbarkeit, mit der Psychotherapeuten und Psychotherapeutinnen leben müssen, denn auch in der klinischen Arbeit mit unbewussten Prozessen in ihrer ganzen Vielschichtigkeit muss Ambiguität immer wieder toleriert werden. Unser Ziel ist es nicht, alles zu verbinden und zu erklären, sondern Zugang und Toleranz zu unbewussten Prozessen zu finden, die niemals endgültig ausgelotet werden können.

2 Melanie Klein

2.1 Warum Melanie Klein? – Ein Plädoyer für Abgründe

Analog zu Freud – aber mit einem ganz anderen Fokus – zeigt Melanie Klein uns, wie sehr unser frühes Leben bestimmt ist von einem existenziellen Kampf um das Überleben des infantilen Selbst in Zuständen, die immer wieder zwischen Todesangst und seligem Triumph oszillieren. Wie Freud zeigt Klein, dass diese Fundamente der Psyche – lange vor Sprache und Symbol entstanden – wie archäologische Fundstücke auftauchen und entziffert werden müssen (vgl. Freud, 1937), ohne dass sie dabei jemals abschließende Auskünfte über eine konkrete – gewissermaßen historisch korrekte – Vergangenheit geben könnten.

Und ganz ähnlich wie bei Freud gibt es bei Klein keine scharfe Grenze zwischen den höchst beunruhigenden und verwirrenden seelischen Prozessen der Abwehr und Bewältigung seelischer Destruktivität und dem, was wir uns vielleicht unter seelischer Gesundheit vorstellen – oder wünschen? Die Aufhebung der vermeintlich sicheren und beruhigenden Grenze zwischen seelischer Gesundheit und neurotischer Krankheit hatte man ja bereits Freud besonders übel genommen. Er hatte gezeigt, dass die neurotischen Deformationen, Fixierungen und Regressionen eben keine absonderlichen Aberrationen darstellen, die allenfalls noch aus kindlichen Traumatisierungen herzuleiten seien. Nein: All diese und noch die bizarrsten seelischen Störungen – insbesondere auch die sexuellen Perversionen – gehen zurück auf ubiquitäre Entwicklungsprozesse infantiler Sexualität und befinden sich innerhalb des menschlichen Kontinuums lebenslang konflikthafter unbewusster Prozesse!

Ganz analog zeigt Klein, dass hinter der Ebene scheinbar stabiler, gesunder seelischer, affektiver und kognitiver Funktionen stets eine unbewusste Auseinandersetzung mit höchst beunruhigenden, verstörenden, aggressiven und destruktiven Kräften abläuft – und dies von Geburt an.

Wenn wir uns auf diese Gedanken einlassen – und das muten wir auch den Lesenden dieses kleinen Buchs ein Stück weit zu –, konfrontieren sie uns mit unseren lieb gewordenen Annahmen, das Gute, Konstruktive, Liebevolle im Menschen als gegeben, normal und selbstverständlich anzunehmen. Im besten Fall erwächst daraus ein vertieftes Verständnis für den lebenslangen Prozess aller Menschen – der uns in manchen Patienten nur deutlicher begegnet – in der Bewältigung intensiver und nicht immer sprachfähiger Konflikte, die wahrlich nicht immer gelingt!

Dem Leser, der Leserin werden bei der Lektüre der folgenden Ausführungen vermutlich irritierende innere Zustände begegnen, das ging den Autoren übrigens nicht anders. Das hat unserer Auffassung nach vor allem zwei Gründe. Zum einen gibt es einen verständlichen Widerstand gegen die Anerkennung sehr verwirrender und destruktiver Prozesse, die sich nicht einfach dem Pathologischen zuordnen lassen. Etwas in uns weigert sich und möchte diese Dinge aus der Sphäre des Selbst hinausverlegen – und schon sind wir mitten in der kleinianischen Welt!

Zum anderen impliziert die Beschäftigung mit der Welt der früheren inneren Objekte ein unlösbares erkenntnistheoretisches Problem – die Verbalisierung und Imagination von Inhalten, deren Entstehung wohl sicher vor der Symbolisierungsfähigkeit liegt und bei denen es sich ursprünglich vermutlich eher um leiblich-seelische Zustände und Verfassungen handelt. Es soll hier also im Grunde über etwas nachgedacht werden, das sich eigentlich nicht denken lässt! Und dennoch – oder gerade deshalb! – gibt es eine hohe Resonanz in der Begegnung und Auseinandersetzung mit diesen Prozessen. Bollas nennt es das »ungedachte Bekannte« (Bollas, 2014).

Wie lautet also die Gebrauchsanleitung? Versuchen Sie, sich eine innere Bühne vorzustellen, und imaginieren Sie die widerstreitenden Stimmen und Impulse darin möglichst phantasievoll und extrem als Exponenten verschiedener Positionen. Wir werden sehen, wie das Stück ausgeht!

2.2 Wer war Melanie Klein?

Klein, eine der wichtigsten Psychoanalytikerinnen der zweiten Generation, verkörpert auf ihrem Lebensweg gewissermaßen selbst viele – wenn nicht alle – der von ihr beschriebenen verwirrenden, beunruhigenden, extremen und sprunghaften seelischen Prozesse.

Melanie Klein (1882–1960) war die Tochter jüdischer Eltern, einer Mutter aus einer kultivierten slowakischen Rabbinerfamilie und eines 24 Jahre älteren Vaters, ein jüdisch-polnischer Arzt, der in einem kleinen Ort im ungarischen Grenzgebiet praktizierte. Die Ehe scheint unglücklich gewesen zu sein und Melanie war als viertes Kind nach dem Umzug nach Wien offenbar nicht mehr wirklich erwünscht. Den Tod der vier Jahre älteren Schwester Sidonie verarbeitet sie hoch ambivalent und schuldhaft, denn in der Folge scheint die Mutter nun sie zu bevorzugen. Die Mutter wird als tyrannisch und manipulativ beschrieben; in der Familie dominieren Neid, inzestuöse Beziehungsmuster etwa zum Bruder, Verachtung für den senilen Vater und im Wechsel sprunghafte und partiell sexualisierte Idealisierungen. Der Tod des Vaters (1900) sowie des geliebten Bruders (1902) scheint mit Trauer und Schuldgefühlen tiefe Spuren hinterlassen zu haben und der Beginn chronischer Depressionen gewesen zu sein.

1903 heiratet sie Arthur Steven Klein, einen entfernten Verwandten und Freund ihres Bruders. Diese Ehe, wiewohl unter dem »Druck ihres leidenschaftlichen Temperaments« (Kristeva, 2008, S. 21) geschlossen, scheint bald unglücklich zu sein, die Sexualität für Klein früh bereits von Ekel und unerfüllter Sehnsucht bestimmt.

Klein hat drei Kinder – eine Tochter und zwei Söhne –, wird aber auch in deren Erziehung von der eigenen Mutter dominiert, die sich ebenso in die eheliche Beziehung drängt. Die biografischen Arbeiten zu Klein lassen erkennen, wie unglücklich, verwirrt und gespalten sie diese Zeit durchlebt haben muss (vgl. Kristeva, 2008, S. 19 ff.; Roudinesco u. Plon, 2004, S. 548 ff.). Die Ehe wird nur noch als Fassade aufrechterhalten und erst 1923 geschieden. Daneben entwickelt Klein immer wieder Leidenschaften für Männer wie Frauen, aus denen durchweg verwickelte und letztlich scheiternde Beziehungen resultieren.

Etwa 1913 wendet sich Klein der Psychoanalyse Freuds zu und begibt sich in eine Analyse bei Ferenczi in Budapest. Dieser entdeckte offenbar ihre intuitive Fähigkeit, seelische Prozesse in Kindern zu verstehen, und ermutigte sie, sich der Kinderanalyse zu widmen. Es ist der Beginn einer bemerkenswerten Laufbahn. Bereits 1919 wird sie – ohne Supervision oder Studium – mit der Vorstellung ihrer ersten Kinderanalyse des Jungen *Fritz* (tatsächlich Erich, ihr jüngster Sohn) Mitglied der Ungarischen Gesellschaft für Psychoanalyse. 1920 zieht sie mit ihrem jüngsten Sohn – die beiden anderen Kinder verlassend! – nach Berlin, um dort ihre Analyse bei Karl Abraham fortzusetzen, einem der wichtigsten Schüler Freuds. Er scheint sie besonders in der Beschäftigung mit der Wirkung des Todestriebs sowie der Bedeutung der prägenitalen Stadien der frühkindlichen Entwicklung unterstützt und beeindruckt zu haben, Konzepte, die das Werk Kleins entscheidend prägen sollten. Es dauert allerdings nicht lange, bis die zunehmend radikalen Thesen Kleins zu heftigen Kontroversen und persönlichen Anfeindungen führen, die sich in gewisser Weise bis heute erhalten haben.

Klein übersiedelt auf Einladung führender britischer Psychoanalytiker nach London, zunächst für ein Jahr; sie wird bleiben. In England wird sie zu einer bedeutenden Protagonistin der Kinderanalyse; sie führt ein »luxuriöses Nomadenleben« (Kristeva, 2008, S. 32) und entwickelt eine zunehmend polarisierende Kontroverse mit Anna Freud. Diese vertritt gegenüber Kleins Position einer »psychoanalytischen Erkundung […] von Geburt an« (Roudinesco u. Plon, 2004,

S. 551) eher einen psychoanalytisch/pädagogischen ich-psychologischen Ansatz. Die Auseinandersetzung gipfelte in den 1940er Jahren in den berühmten *Controversial Discussions,* die zur Aufteilung der Britischen Psychoanalytischen Gesellschaft in Freudianer, Kleinianer und der Group of Independents (auch Middle Group) führten. Kleins letzte Jahre waren – wie im Grunde ihr Leben – bestimmt von Beziehungen intensiver Faszination und Abhängigkeit ihrer Schülerinnen und Schüler, dem Misstrauen gegenüber Abweichungen, das ihr selbst entgegengebracht worden war und das sie selbst jeder kritischen Meinung gegenüber entwickelte, und den Feindschaften und tragischen Abbrüchen, die sich daraus entwickelten, etwa in den Beziehungen zu Winnicott, Heimann und ihrer eigenen Tochter Melitta, die ebenfalls Analytikerin geworden war. Melanie Klein starb 1960 in London.

2.3 Verfolgende Objekte und schwierige Patienten

Es gibt bedeutsame klinische Gründe, sich mit dem kleinianischen Denken auseinanderzusetzen. Wie jede einflussreiche psychodynamische Theorie hat sich auch die kleinianische Konzeption vor allem deshalb so lange entwickeln und – wenn auch durchweg kontrovers diskutiert – etablieren können, weil sie ein Verständnis äußerst schwieriger Prozesse innerhalb psychodynamischer Psychotherapien ermöglicht. Zunächst entstanden im Versuch, die vorsprachlichen Prozesse in der Psychoanalyse sehr kleiner Kinder zu begreifen, hat die kleinianische Psychoanalyse sehr bald gezeigt, dass die entsprechenden Prozesse in allen Menschen ablaufen, dass wir alle in Krisen auf diese Positionen regredieren und dass insbesondere erwachsene Patienten mit schweren Persönlichkeitsstörungen überwiegend auf diesem Niveau funktionieren. Was ist gemeint?

Wie andernorts ausgeführt (Kohrs u. Boll-Klatt, 2018, S. 14 ff.), haben die psychoanalytischen Therapien von Beginn an, seit einigen Jahrzehnten aber wohl zunehmend mit Patienten und Patientinnen zu tun – sprich: diese zu behandeln –, die sich dem klassischen Szenario in gewisser Weise widersetzen. Dieses besteht – bei »normal neurotischen« Patienten und sehr vereinfacht dargestellt – darin, dass ich-dystone Symptome geschildert werden, unter denen der Patient leidet, die ihm selbst unverständlich sind und zu deren Bewältigung er um Hilfe ersucht. Dieser prototypische Patient müsste in der Lage sein, die erheblichen Vorgaben des analytischen Settings zu tolerieren und gemeinsam mit dem Psychoanalytiker die intensiven Prozesse der Übertragung und Gegenübertragung zu durchleben. Anhand der Deutungen des Therapeuten würden dann die ursprünglich verwirrenden Prozesse nach und nach in ein Narrativ verwandelt, das zahlreiche – nun bewusstseinsfähige, häufig »wiedererinnerte« – Elemente aus der Vergangenheit des Patienten enthielte, die ihm vorher nicht bewusst gewesen waren, da er sie verdrängt hatte. Diese schematische Darstellung des psychoanalytischen Prozesses soll darauf hinweisen, dass genau diese Schritte gerade in der Therapie sehr schwer gestörter Patientinnen und Patienten – vor allem aus dem Spektrum Borderline und pathologischer Narzissmus – in der Regel nicht sehr weit führen. Drei exemplarische Prozesse sollen veranschaulichen, worum es hier geht.

Projektion und Introjektion – die Spaltung

Projektion ist ein ubiquitärer Prozess. Er dient der Entlastung des Selbst von Zuständen, Affekten und Impulsen, die Scham, Schuld und ähnliche Belastungen auslösen könnten. Wir alle kennen diesen Prozess aus individueller Suche nach dem Schuldigen (»du hast doch angefangen …!«) wie auch aus den machtvollen kollektiven Versuchen, anderen Gruppen Eigenschaften zuzuordnen, die wir dann dort entwerten, bekämpfen und »ausweisen« können. Sobald die Projektion aber zum dominierenden Abwehrmechanismus wird, sich nicht mehr durch rationale Konfrontation begrenzen, gewissermaßen »einfangen« lässt, wird sie schnell bedrohlich und destruktiv. Wie andere frühkindliche, archaische, primitive Abwehrmechanismen entspringt sie nicht nur einem verzerrten Bild des Selbst und seiner Objekte, sondern erzeugt dieses stets aufs Neue und expandiert es. Dieser frühe

Abwehr- und Bewältigungsmechanismus ist nicht von seinem Gegenstück – der Introjektion – zu trennen und läuft meist im Wechsel ab. Entscheidend ist die *Spaltung* der psychischen Welt im Sinne eines *Nur-Gut* vs. *Nur-Böse, Weiß* vs. *Schwarz.* Die Entlastung der inneren Welt von unerträglichen Selbstanteilen geschieht zu einem hohen Preis: der Aufladung der äußeren Welt mit hasserfüllten Objekten, die zu einem durchweg paranoiden Szenario führt.

Frau A., eine dreißigjährige Patientin, begibt sich nach mehreren gescheiterten Beziehungen, aus denen zwei Kinder stammen, sowie dem erneuten Abbruch eines Beschäftigungsverhältnisses in Psychotherapie. Sie weist das Scheitern aller altersgemäßen Lebensentwürfe durchweg den Partnern sowie den Vorgesetzten und Kollegen zu (»Mobbing«). Nach Schilderung der Lebenslage wendet sie sich der Therapeutin zu und fragt erwartungsvoll: »Ich hoffe, Sie sind auf meiner Seite, oder meinen Sie auch, ich sei selber schuld?«

Selbst erfahrene Therapeutinnen und Therapeuten stehen hier bereits an einer schwierigen Weggabelung: Schlage ich gleich den Weg des »guten Freundes« ein, bin vermeintlich auf der Seite der Patientin und versuche, sie im Umgang mit einer feindseligen Welt zu unterstützen (»Sie müssen lernen, sich abzugrenzen, sich selbst etwas zu gönnen« usw.)? Oder mute ich ihr und mir zu, die gespaltene Objektbeziehungswelt zu konfrontieren, auf die Gefahr hin, selbst ins Lager der Feinde zu geraten?

Schon dieses knappe Beispiel sollte veranschaulichen, dass es bei diesen Patientinnen und Patienten, die in den Ausbildungsambulanzen fast schon die Majorität bilden, nicht mehr in erster Linie um Deutungen verdrängter psychischer Inhalte geht, sondern um ganz etwas anderes: die Entwirrung der psychischen Welt, die sich allerdings nicht intellektuell haben lässt. Denn es kommt noch ein weiterer Faktor ins Spiel, der insbesondere die psychotherapeutische Beziehung erfassen und unter Umständen beschädigen kann.

Die projektive Identifizierung – Kommunikation ohne Symbole!

In der therapeutischen Beziehung zu oben genannten Patienten kommt es häufig zu atmosphärischen, affektiven, eventuell sogar kognitiven und verhaltensbezogenen Veränderungen aufseiten des Therapeuten, die sich äußerst negativ auswirken können. Er verhält sich zum Beispiel dem Patienten gegenüber unbewusst feindselig, vielleicht werden ihm auch intensive Gefühle bewusst, die sich nicht im üblichen Sinn einer Gegenübertragungsdeutung in ein stimmiges Narrativ überführen lassen. Häufig handelt es sich aber auch um seltsame Befindlichkeiten, Zustände, in denen die therapeutische Tätigkeit fast zum Stillstand kommt.

Frau B., eine fünfzigjährige Patientin, konnte ihr Leben, die Ereignislosigkeit innerhalb ihrer Ehe sowie einige Konflikte am Arbeitsplatz durchaus inhaltlich korrekt schildern. Es ergaben sich auch scheinbar Anhaltspunkte für gemeinsame Überlegungen mit der intelligenten Patientin. Dennoch »versandete« jede Therapiestunde in einer Atmosphäre tiefster Resignation und Aussichtslosigkeit, die auch die Therapeutin erfassten und die kaum noch Vitalität und Konstruktivität »überleben« ließen.

Die Patientin war allein mit einer chronisch depressiven und medikamentenabhängigen Mutter aufgewachsen.

Melanie Klein zeigt, dass unerträgliche innere Zustände und Selbstanteile in der unbewussten Phantasie des Kleinkindes ebenfalls zum Bestandteil von Objekten werden, gewissermaßen in diese hineinprojiziert werden, um sich ihrer so zu entledigen. Später wurde deutlich, dass dieser Prozess oberhalb einer gewissen Intensität tatsächlich auch Wirkung auf das konkrete, äußere Objekt haben kann, indem sich dieses unbewusst mit den übertragenen Affekten und Zuständen identifiziert und entsprechend handelt. Es handelt sich vermutlich um einen sehr frühen, gewissermaßen psychosomatischen Kommunikationsmodus zwischen Mutter und Säugling, eine Sprache vor der

Sprache. Fixierungen dieses Modus – zumeist im Kontext massiver Defizite der frühen Entwicklung – können allerdings dazu führen, dass im Zusammenhang mit unregulierbaren Konflikten und Affekten erwachsener Patienten mit schweren Persönlichkeitsstörungen die interpersonale Szene durch projektiv identifikatorische Prozesse verzerrt und unentwirrbar belastet wird.

Negative therapeutische Reaktion

Zu den am meisten gefürchteten und wohl am schwersten zu handhabenden Prozessen psychodynamischer Psychotherapien zählt die negative therapeutische Reaktion. Damit wird eine ganze Reihe meist überraschend auftretender Entwicklungen innerhalb des therapeutischen Prozesses zusammengefasst. Typischerweise kommt es zu Verschlechterungen des Befindens, der Symptome des Patienten, eventuell auch zu destruktivem Agieren innerhalb der therapeutischen Beziehung. Bezeichnenderweise tritt dies zu einem Zeitpunkt auf, an dem sich substanzielle Entwicklungen, ein vertieftes Verständnis des Patienten für seine seelische Welt und eine tiefere Öffnung für Begegnungen mit anderen Menschen, vor allem auch mit dem Behandler oder der Behandlerin, abzuzeichnen beginnen. Kleinianische Perspektiven können hier helfen, die tiefe Verunsicherung zu verstehen, die auf einer unbewussten Ebene der Objektbeziehungen entstehen, wenn es zur Aufgabe der infantilen Abwehrversuche und beispielsweise zum erneuten Einlassen auf die Realität der Abhängigkeit von anderen Menschen kommt.

3 Der psychoanalytische Säugling – Kindheit als Narrativ!

Um die Besonderheit der kleinianischen Konzeption besser verstehen und würdigen zu können, ist es unerlässlich, sich mit der psychoanalytischen Entwicklungstheorie zu befassen. Schon befindet man sich mitten im Labyrinth: *Eine* solche Theorie gibt es nicht, hat es nie gegeben und – schlimmer noch – jede dieser Theorien sieht gewissermaßen einen anderen Säugling, ein anderes Kleinkind, betont andere Aspekte der Entwicklung als zentral und leitet Psychopathologie anders daraus ab (vgl. Boll-Klatt u. Kohrs, 2018a, S. 193 ff.). Und dennoch: Freuds triebtheoretisches Entwicklungsmodell der Psychosexualität war bahnbrechend und bestimmt unsere Vorstellung von Kindheit, Kultur und psychischer Entwicklung bis heute, ohne dass wir uns dessen immer bewusst sind.

Den meisten Menschen ist zum Beispiel keineswegs deutlich, dass unsere heute selbstverständliche Vorstellung von Kindern als jungen Menschen in einer Entwicklung, also von Kindheit als einer besonderen Zeit mit ganz eigenen Bedürfnissen, Verletzlichkeiten und Rechten, kulturgeschichtlich noch jung ist. Bis in die Neuzeit hinein war das Kind ein kleiner Erwachsener, ohne spezielle Rechte und Freiräume (vgl. Andergassen, 2015; Ariès u. Duby, 1993, S. 154). Freud, Klein und andere psychoanalytische Theoretiker waren in ihren Forschungen also durchaus auf der Höhe ihrer Zeit, wenn sie neue Hypothesen über die seelische Entwicklung in der Kindheit formulierten.

Dabei gingen Freud und seine Schüler zunächst nicht von der Beobachtung sehr kleiner Kinder in ihrer normalen Entwicklung aus. Sie verstanden vielmehr alle psychopathologischen Phänomene – neurotische Symptome, psychosomatische Erkrankungen, Denkstörungen – als Ausdruck ungelöster infantiler Konflikte, sichtbar werdend in ihren scheiternden Bewältigungsversuchen.

Freud konnte zunächst zeigen, dass traumatische Erfahrungen in der frühen Kindheit – insbesondere sexueller Missbrauch in seinen unterschiedlichsten Formen – unbewusste vorsprachliche Erinnerungsspuren hinterlassen, die erst sehr viel später in einer nachträglichen – und misslingenden – Bearbeitung zu affektiven und somatischen Symptomen und Auffälligkeiten – den hysterischen Lähmungen und Dissoziationen – führen, die bewusst nicht mehr in Zusammenhang zu bringen sind (vgl. Boll-Klatt u. Kohrs, 2018a, S. 16 ff.).

Er entdeckte dann allerdings, dass dieser Kausalzusammenhang zwischen bizarren und scheinbar unverständlichen Symptomen und Charaktereigenschaften erwachsener Patienten und unbewussten infantilen Konflikten keineswegs auf Fälle schwerer konkreter Traumatisierungen beschränkt ist. Es handelt sich offenbar vielmehr um einen ubiquitären Entwicklungsprozess, in dem psychische Gesundheit und Störung nicht immer klar voneinander zu unterscheiden sind. Die Dynamik scheint eher ein Kontinuum der vielgestaltigen menschlichen Psyche abzubilden, das wiederum auf die mehr oder weniger gelingende Integration hoch intensiver und konflikthafter Triebstrebungen der frühen Kindheit zurückgeht (vgl. Boll-Klatt u. Kohrs, 2018a, S. 105 ff.).

Anschaulich beschreibt Freud in seinem kurzen Aufsatz »Charakter und Analerotik« (Freud, 1908) die Analogie der *analen Trias* (Ordnungsliebe, Sparsamkeit, Eigensinn) als Reaktionsbildungen zwanghafter Patienten, denen ihre unbewältigten Erfahrungen im Rahmen ihrer Sauberkeitserziehung zugrunde lagen. Mit anderen Worten: Es sind pedantische, geizige und rechthaberische Menschen, die auf die Schmutzlust der analen Entwicklungsphase fixiert blieben und die entsprechenden Triebimpulse auf sozial akzeptable Ziele umgelenkt und durch starke Gegenkräfte gebunden hatten. Wir alle erfahren eine Ahnung der dahinter wirkenden triebhaften Dynamik, wenn wir an die eigene äußerst lustvolle Schadenfreude denken, sobald besonders moralisch auftretende Personen des öffentlichen Lebens in ihren

Skandalen und Fehltritten entlarvt werden. Sie sind dann doch nicht besser als wir, und unser latentes Schuldgefühl – das *Unbehagen in der Kultur,* wie Freud es nannte – lässt kurzzeitig etwas nach.

4 Von Freud zu Klein: Unbewusste Phantasien und frühe Objektbeziehungen

Im Gegensatz zu Freud nahm Klein allerdings schon früh – ab 1919 – sehr junge Kinder ab dem dritten Lebensjahr in Behandlung und entwickelte eine spezifische Spieltherapie als Äquivalent zur freien Assoziation in der psychoanalytischen Therapie erwachsener Patienten. Dazu bot sie ihren kleinen Patientinnen und Patienten eine Vielzahl kleiner, einfacher und nicht mechanischer Spielzeuge sowie Gegenstände des täglichen Gebrauchs an bzw. hielt sie im Behandlungsraum vorrätig. Dieser sollte von den Kindern als deutlich vom familiären Alltag getrennter Raum erlebt werden, um erziehungsbedingte Widerstände gegen das Erleben und den Ausdruck beunruhigender konflikthafter Inhalte, Wünsche und Ängste zu ermöglichen. Die Kinder konnten auf diesem Weg in Rollenspielen und imaginierten Szenen offenbar recht bald und unzensiert intensivste Konflikte darstellen, oft mit vertauschten Rollen: »Manchmal macht es seiner Aggressivität und seinem Groll Luft, indem es sich in der elterlichen Rolle sadistisch gegen das Kind benimmt, das der Analytiker darstellt« (Klein, 1955/2015, S. 19).

Da Klein – anders als Freud – sich auf diesem Weg ausführlich mit der Phantasiewelt kindlicher Patienten auseinandersetzte, kam sie bald zu dem Schluss, dass im Gegensatz zur damaligen Lehrmeinung psychoanalytische Deutungsarbeit sowie Analyse von Übertragungen auch bei sehr kleinen Kindern möglich sei. Ihrer Auffassung nach wurden die Ich-Struktur und intellektuelle Leistungsfähigkeit von Kleinkindern weit unterschätzt (Klein, 1955/2015, S. 25).

Sie fand Zugang zu intensiven konflikthaften seelischen Prozessen mit teilweise äußerst bizarrem und verstörendem Inhalt. Diese Konflikte gingen teilweise offenbar durchaus auf reale Erlebnisse der

Kinder – Frustrationen, Kränkungen oder Ähnliches – zurück, bildeten diese äußere Realität allerdings in keiner unmittelbar nachvollziehbaren Weise ab. Insbesondere fielen das hohe Angstniveau und die Auseinandersetzung mit sehr destruktiven Kräften auf – für Klein deutliche Hinweise auf eine hohe Ambivalenz in der Beziehung zu den primären elterlichen Objekten, insbesondere zur Mutter.

Die weitere Exploration zeigte starke Strafbedürfnisse, Schuldgefühle, Verfolgungsängste und Wiedergutmachungsimpulse, die für das damalige psychoanalytische Entwicklungsmodell eine ernsthafte Herausforderung darstellten. Sie wiesen nämlich darauf hin, »dass das Überich in einem viel früheren Stadium entsteht, als *Freud* annahm« (Klein, 1955/2015, S. 26). Kleins Konzeptualisierungen dieser Prozesse sind wegen ihres hypothetischen Charakters – der wegen der Versprachlichung weit vorsymbolischen Materials kaum zu vermeiden ist – häufig und intensiv kritisiert worden. Es zeigt sich jedoch bis heute, dass sie für das Verständnis schwerer pathologischer Prozesse in kindlichen wie erwachsenen Patienten von hoher Plausibilität und therapeutischer Effektivität sind.

Auch Freud hatte bereits die lebensprägende Bedeutung der frühkindlichen Objektbeziehungen erkannt, da »der Charakter des Ichs ein Niederschlag der aufgegebenen Objektbeziehungen« sei und die »Geschichte dieser Objektwahlen« enthalte (Freud, 1923, S. 257). Auch er hatte diesen Prozess interessanterweise zunächst im Zuge der Untersuchung einer kontrollierenden, strafenden, fordernden seelischen Instanz entdeckt, die er später *Über-Ich* nannte und die u. a. für schwere depressive Zustände – Melancholie – verantwortlich sein könne, in denen »der Schatten des Objekts auf das Ich« falle (Freud, 1916/17, S. 435).

Klein geht jedoch einen entscheidenden Schritt weiter: Sie betont, »daß das Überich vom Kind als etwas Konkretes empfunden wird, das in seiner Innenwelt wirkt; es besteht aus mannigfaltigen Gestalten, deren Ursprung in den aus verschiedenen Phasen stammenden Erfahrungen und Phantasien liegt, in denen das Kind seine Eltern introjiziert hat« (Klein, 1955/2015, S. 26 f.).

Während bei Freud die Funktion der infantilen Phantasie vor allem in der halluzinatorischen Wunscherfüllung besteht, also einer Triebbefriedigung angesichts einer versagenden Realität, erweitert Klein diese Sichtweise erheblich. Sie versteht die unbewussten infantilen Phantasien – die in uns allen fortbestehen – vor allem als frühe und noch recht primitive Abwehr- und Bewältigungsmechanismen. Abgewehrt wird in der phantasierten Befriedigung als Flucht vor frustrierender Realität eben diese: die äußere Realität. Noch bedeutsamer ist für Klein aber die Funktion der Phantasie als Abwehr *innerer* Realitäten, insbesondere unerträglicher Affekte wie Hunger, Wut und anderer destruktiver Zustände (vgl. Segal, 1974, S. 30 ff.), die böse Objekte darstellen.

Und diese Sichtweise wird paradigmatisch für Kleins Verständnis des frühen Seelenlebens: *Alle* intensiven triebinduzierten – also körpernahen – Prozesse werden als Phantasien über Beziehungen des kindlichen Selbst zu einem jeweiligen Objekt erlebt, verarbeitet und erinnert. Um diesen Erinnerungsprozess wird es noch gehen, denn darum ist viel Streit entstanden.

Zunächst jedoch muss verstanden werden, wie Klein sich diese unbewussten Phantasien überhaupt vorstellt. Ausgehend von den Szenen in der Spieltherapie – die ja bereits eine der Traumarbeit analoge Umsetzung, Verschiebung und Verdichtung der unbewussten Phantasie in bewusstseinsfähige Abläufe sind – erkannte sie, dass es sich bei den dargestellten Objekten keineswegs um Abbilder konkreter Menschen, gewissermaßen äußerer Objekte handelte. Es waren vielmehr Repräsentanten intensiver Affekte, Impulse, Bedürfnisse und Ängste des kindlichen Selbst, die hier ausgedrückt wurden: »Die Beziehung zum Objekt beruht auf seinen Impulsen/Absichten gegenüber dem Ich, die ihm dieses unterstellt« (Hinshelwood, 2004, S. 517). Die so entstehenden inneren Objekte werden treffend auch als *Partial- oder Teilobjekte* bezeichnet, um deutlich zu machen, dass sie jeweils um *ein* Motiv, *eine* Befriedigung, *eine* Frustration zentriert sind und andere Aspekte des Objekts und der Beziehung zu ihm vollständig in den Hintergrund treten.

Das bekannteste, berühmteste und wohl auch umstrittenste Beispiel für dieses Phänomen ist das Konzept der *guten/bösen Brust*. Auch damit ist selbstverständlich nicht ein konkretes Körperorgan gemeint, sondern die zentrale Annahme der kleinianischen Theorie, der Säugling erlebe die umfassend (bedürfnis-)stillende, sättigende, entängstigende, beglückende Erfahrung mit der Mutter als etwas Nur-Gutes. Dagegen werde die Erfahrung des Hungers als Begegnung mit einem bösen, verfolgenden Objekt erfahren, das nun eben diesen Zustand verursacht, indem es die Nahrung, das umfassend Gute, für sich behält.

Die auf diesem Weg entstehenden intrapsychischen Objektbeziehungen des Kindes sind also erkennbar durch eine radikale *Spaltung* gekennzeichnet, wiederum ein Phänomen, das in der kleinianischen Psychologie eine zentrale Rolle spielt. Dazu gleich mehr.

5 Unwiderstehliche Ängste – die paranoid-schizoide Position: Sprechen über Unsagbares

Möglicherweise erfassen die Leserin, den Leser an dieser Stelle bereits erste Verwirrungszustände, das wäre nicht ungewöhnlich und ist der Tatsache geschuldet, dass wir uns mit Prozessen beschäftigen, die lange vor dem Spracherwerb und vermutlich auch jeder Symbolisierungsfähigkeit ablaufen. Zu den basalen Axiomen der kleinianischen Konzeption zählen Annahmen über die frühesten protopsychischen Prozesse im Säugling, welche die Grundlage sowohl für spätere reife seelische, affektive und kognitive Funktionen als auch für deren pathologische Entgleisungen darstellen.

Damit stehen wir auch schon vor einem substanziellen erkenntnistheoretischen Problem – das allerdings die psychoanalytischen Entwicklungstheorien von Beginn an und bis heute begleitet: Woher stammt dieses Wissen und wie lässt es sich belegen?

Klein war sich dieser Tatsache durchaus bewusst, sie schrieb bereits 1946: »Die Hypothesen, die ich aufstellen werde und die sich auf sehr frühe Entwicklungsstadien beziehen, sind durch Deduktion von Material abgeleitet, das ich in Analysen von Erwachsenen und Kindern gewonnen habe; einige dieser Hypothesen scheinen sich mit Beobachtungen, die uns aus der psychiatrischen Arbeit bekannt sind, zu decken« (Klein, 1946/2015. S. 131).

Allerdings lassen sich die Annahmen Kleins zur verfolgenden Qualität früher beängstigender Zustände heute erstaunlich plausibel bestätigen. Sie rühren vor allem daher, dass der Säugling zur Bewältigung sehr beunruhigender und schnell existenziell bedrohlicher Zustände allein überhaupt nicht in der Lage ist. Das heißt, er ist diesen Zuständen ausgeliefert, sie verfolgen ihn. Viele Redewendungen unserer Umgangssprache tragen noch die Züge dieser Zeit, wenn wir vom *beißenden Hunger* sprechen, dem *bösen Husten,* der uns nicht schlafen lässt, der *kalten Angst,* die nach uns greift, und der *rasenden Wut,* die sich unserer bemächtigt. Vermutlich liegt hier der Ursprung aller Ungeheuer, Krokodile unter dem Bett, Hexen, Orks und sonstiger Monster. Allerdings stammen diese Verbalisierungen und wohl auch die bildhaften Symbolisierungen vermutlich aus späterer Zeit, denn zu echten Phantasien im Sinne der heutigen Definition ist der Säugling sicher noch nicht in der Lage.

Entscheidend ist der Versuch der kleinianischen Konzeption, im Konstrukt der paranoid-schizoiden Position die frühen Ängste des Säuglings, seine Bewältigungsversuche sowie die daraus resultierende Objektbeziehungsdynamik zu formulieren.

Die wuchtige, fast absolute Gewalt der frühen »Objekte« wird verständlich, wenn wir uns vergegenwärtigen, dass sie aus körperlich-affektiven Befindlichkeiten entstehen – bzw. ihr Äquivalent sind –, die man noch gar nicht psychisch nennen kann. Es handelt sich eher um *Zustände* körperlicher Art – im Sinne der β-Elemente bei Bion, siehe Kapitel 7 –, die das kleine Kind beherrschen und denen es ausgeliefert ist. Auf dieser Stufe sind im Zustand hoher affektiver Erregung *innen* und *außen* mental noch gar nicht sicher zu unterscheiden. Im Sinne der modernen Mentalisierungsforschung befindet sich das Kind noch überwiegend im *Äquivalenzmodus* (vgl. Fonagy u. Target, 2006, S. 370), in dem die affektiven Erregungen die Wahrnehmung stark dominieren und verzerren.

Im kleinianischen Konzept kommt nun der skizzierten *Spaltung* der frühen psychischen Welt in *Nur-Gut* und *Nur-Böse* eine zentrale Bedeutung zu. Sie ist zunächst der entwicklungsbedingten Unfähigkeit des Säuglings geschuldet, die überwältigenden körperlich-affektiven Zustände zu realistischen Vorstellungen ganzer Objekte – wie auch des Selbst – zu integrieren. Sie ist im kleinianischen Verständnis aber auch der erste Bewältigungs- und Abwehrmodus, um sich der Verfolger – zumindest in der Phantasie – zu entledigen und die guten Objekte bei sich – in sich! – zu behalten. Vielleicht bereits erkennbar folgen diese frühen Prozesse den ersten Körperfunktionen in der Interaktion mit der Umwelt: »Einverleibung wird zur Introjektion, Ausscheidung zur Projektion, das Verschließen der Augen zur Verleugnung« (Krejci, 1999, S. 37). Darüber hinaus zielt die Spaltung aber auch darauf ab, die guten Objekte vor den bösen zu schützen, das heißt auch und vor allem – ohne dass der Säugling dies »weiß« – vor seiner Wut.

Klein führte diese Prozesse noch auf die verzweifelten, von existenzieller Angst getriebenen Versuche des Kindes zurück, den inhärenten Todestrieb in seinen destruktiven Wirkungen zu bewältigen. Eine moderne Sichtweise benötigt dieses schwer zu verifizierende – eigentlich eher philosophische und sehr umstrittene – Konzept nicht. Es ist nach Ansicht der Autoren sehr viel überzeugender, sich das Kleinkind in der Erfahrung körperlich-affektiver Verfassungen vorzustellen, denen es ohne Zutun von außen vollkommen hilflos ausgeliefert ist. Hinshelwood weist darauf hin, dass in diesen frühen Erfahrungen – und ihren späteren regressiven Reaktivierungen – *konkrete Objekte* im Inneren erfahren werden, die etwas *Konkretes* bewirken. Es sind noch Vorläufer der späteren Objekt*repräsentanzen,* »denen jene Konkretheit fehlt« (2004, S. 523).

All dies gilt natürlich in gleicher Wucht und Absolutheit auch für die guten »Objekte« der ganz frühen Zeit. Wie oben bereits für die *gute Brust* beschrieben, werden die Erfahrungen mit den frühen Bezugspersonen, in denen Gutes geschieht, in denen also die geschilderten Schreckenszustände, die das gerade entstehende kindliche Selbst mit Fragmentierung bedrohen, aufgefangen und in Sicherheit verwandelt werden.

Bollas (2014) spricht in diesem Zusammenhang vom *Verwandlungsobjekt,* das gewissermaßen die intensiven primärobjekthaften Erfahrungen des Gehaltenseins und der Umwandlung von Angst in Sicherheit verkörpert. Bollas betont, dass diese Erfahrungen niemals eigentlich bewusst werden, und das verweist erneut auf die Frage nach der Erinnerung an diese seltsame Welt, von der hier die Rede ist. Die Frage berührt zentrale Fragen der Gedächtnistheorie sowie der metatheoretischen Konzeption des Unbewussten und kann hier nur angerissen werden.

Bereits Freud hatte darauf hingewiesen, dass es Bereiche und Inhalte des Unbewussten gibt, die nicht durch Verdrängung entstehen, das heißt, die niemals bewusst und damit auch nie symbolisiert waren; er spricht in einer anschaulichen Metapher von der »psychischen Urbevölkerung« (Freud, 1915, S. 294), die ererbt sei, also zum phylogenetischen Bestand des Unbewussten gehöre. Nach modernem Verständnis würde man diese frühen Erfahrungen im *impliziten, nichtdeklarativen, prozeduralen* Gedächtnis verorten, dessen Inhalte eben nicht bewusst und in Worten oder Bildern symbolisiert werden können, sondern eher atmosphärisch aktualisiert werden. Sie führen zu szenischen, nonverbalen Handlungsdialogen und werden allenfalls nachträglich und in Verschiebung auf bewusstseinsfähige Inhalte »erinnert« (vgl. Boll-Klatt u. Kohrs, 2018a, S. 8 ff. u. 128 ff.).

Wie Bohleber (2019, S. 36) betont, war sich Freud über diese ganz andere Qualität des *nicht verdrängten Unbewussten* im Klaren, verfolgte diese Spur aber nicht weiter. Sie passte nicht in sein Modell des *dynamischen Unbewussten* mit dem Konflikt zwischen den Kräften der Abwehr und denen des Wiederholungszwangs und der Wiederkehr des Verdrängten und später mit dem Zwiespalt des Ichs zwischen den Forderungen des Über-Ichs und des Es. In Freuds favorisierter Konzeption geht es um Inhalte, die letztlich dem Ich bewusst werden sollen, »Erinnern statt Wiederholen«, aber das meint eben Inhalte, die im sprachlichen Sinn »erinnert« werden können.

Im *nicht verdrängten Unbewussten* haben wir es aber mit ganz anderen Prozessen zu tun. Insbesondere verändert sich die behandlungstechnische Dimension, wenn wir solchen früh verankerten Objektbeziehungsstrukturen begegnen, denn sie können nicht im klassischen Sinn »aufgedeckt« werden. Man spricht dann bestenfalls *darüber,* im Sinne Fonagys »spielt« man Therapie im *Als-ob-Modus,* und der Patient sieht zum Beispiel ein, dass der Therapeut kein böses Objekt ist. In der Tiefe bleibt dann aber unter Umständen eine misstrauische, feindselige Beziehung zu einem destruktiven Objekt vollständig unbewusst bestehen und führt zu rätselhaften Prozessen, etwa im Sinne der *negativen therapeutischen Reaktion,* und dann häufig zum Scheitern oder affektiven Verflachen der Behandlung.

Meist müssen diese subtilen, aber machtvollen Prozesse im Kontext der therapeutischen Beziehung, in der sie sich regelmäßig aktualisieren, gemeinsam beobachtet und erst einmal ausgehalten werden. Im besten Fall können sie dann gewissermaßen nachträglich mit Bedeutung erfüllt und so zu einem sinnstiftenden Narrativ im deklarativen Gedächtnis werden, wodurch sie regelmäßig an Macht verlieren, während das Ich des Patienten reift.

Wie Bohleber (2019, S. 40 ff.) zeigt, belegen vor allem Befunde der Gedächtnisforschung und der Neurowissenschaften seit den 1980er Jahren, dass im Bereich der impliziten, nichtsprachlichen Prozesse nicht nur der unbewusste Kern des Selbst – eben das ungedachte Bekannte – zu verorten ist, sondern dass das psychodynamische und das nicht verdrängte Unbewusste lebenslang miteinander kommunizieren und sich vermutlich gegenseitig beeinflussen. Insofern wäre es klüger, von *nicht*sprachlichen statt von *vor*sprachlichen Prozessen zu reden, da diese zwar sicher entwicklungsgeschichtlich früher entstehen, ihre Macht und Bedeutung für seelische Gesundheit und Krankheit aber lebenslang behalten.

Dem wird auch das Konzept der kleinianischen *Positionen* gerecht, die eben keine abzuschließenden Stufen darstellen, sondern sich lebenslang in einer Art Fließgleichgewicht befinden. Für Bion stellt diese Oszillation zwischen den Positionen sogar eine Grundbedingung seelischer Gesundheit und Funktionsfähigkeit dar.

Allerdings: Wie immer wieder hervorgehoben wurde, ist es außerordentlich schwierig, ja häufig belastend, explizit und deklarativ – also mit Worten – über eigentlich Unsagbares nachzudenken, zu sprechen und übrigens auch zu schreiben. So ist es wohl zu erklären, dass viele der kleinianischen Formulierungen zunächst befremdlich anmuten und aus heutiger Sicht manches in einen etwas anderen Kontext zu stellen ist. Dabei muss darauf hingewiesen werden, dass Klein sich zunächst mit der Konzeption der depressiven Position beschäftigt hat und erst elf Jahre später die paranoid-schizoide Position formulierte (vgl. Hinshelwood, 2004, S. 199 ff. u. S. 227 ff.).

Auch Melanie Klein hat natürlich nicht Säuglinge therapiert und konnte – wie auch die modernen Säuglingsforscher – nur Hypothesen über die intrapsychischen Prozesse und das subjektive Erleben des sehr kleinen Kindes aufstellen, die sie aus Schilderungen bereits sprachfähiger Kinder ableitete.

Auch Freud war von unerklärlichen Symptomen seiner erwachsenen Patientinnen und Patienten ausgegangen: psychosomatischen Lähmungen, irrationalen Ängsten, neurotischen Zwängen, bizarren Träumen und nicht zuletzt äußerst verstörenden sexuellen Phantasien und Impulsen, die entweder verdrängt und nur im Traum zugänglich waren oder aber als Perversion gelebt wurden. Sie wurden für ihn das Tor zum Unbewussten der Triebregungen und der psychosexuellen Entwicklung des Menschen.

Vergleichbar ging Klein von Beobachtungen aus der Spieltherapie mit Kindern aus, die bereits zumindest etwas sprechen konnten und die unter erheblichen Störungen litten. Es handelte sich also – analog zu Freuds Patienten – um Entwicklungsstörungen, aus denen auf die zu bewältigenden *Stufen* bei Freud bzw. *Positionen* bei Klein rückgeschlossen wurde.

Aus dieser Perspektive kann man heute versuchen, die häufig sehr pathologisierend klingenden kleinianischen Formulierungen in ihrer entwicklungstheoretischen Dimension von tatsächlich pathologischen Fixierungen und Abwehrformen zu differenzieren. So ist es etwa von geringer Plausibilität, einen angeborenen *primären Neid* zu unterstellen, der das *gute* Objekt seiner wertvollen Inhalte berauben oder diese zerstören will. Das Konzept ist jedoch von zentraler Bedeutung im kleinianischen Theoriegebäude und tatsächlich von hohem heuristischen und behandlungstechnischen Wert im Verständnis schwieriger Prozesse, zum Beispiel der oben genannten negativen therapeutischen Reaktion. Denn in der Tat gibt es Patienten und sicher auch kleine Kinder, die es sehr schwer aushalten können, auf etwas Gutes angewiesen zu sein, für das sie den Anderen brauchen, beispielsweise die Kompetenz und Einfühlung des Therapeuten, und den dahinter wirksamen Affekt kann man durchaus plausibel Neid nennen. Der zugrunde liegende pathogene Faktor ist in der Regel aber eine umfassende Angst bzw. Unfähigkeit, die existenzielle Abhängigkeit zu tolerieren, die unsere Kindheit und in vieler Hinsicht auch unser erwachsenes Leben – etwa in Paarbeziehungen – kennzeichnet. Und die Entstehung dieser Problematik ist in der Regel in sehr frühen Beziehungserfahrungen – etwa einem substanziellen Mangel an sicherer Bindung – zu verorten.

Daran wird nun vermutlich noch etwas anderes deutlich: die doppelte Determiniertheit dessen, was wir uns unter den inneren Objekten und den unbewussten Phantasien des Kleinkindes und ihrer Entstehung in frühester Zeit vorstellen können. Gemeint ist die hoch kontroverse Frage nach der »Dimension der Realität« (Bohleber, 2019, S. 31) – in diesem Kontext: Welche Bedeutung kommt den realen, konkreten äußeren Objekten wie auch ihrem Verhalten zu?

Diese Frage ist von großer Bedeutung, weil man in manchen kleinianischen Kasuistiken und theoretischen Erörterungen den Eindruck gewinnen kann, dass die inneren Objekte und die Beziehungen zu ihnen weitgehend endogen begründet seien und in der Folge die konkreten, realen Beziehungen weitgehend dominieren, ohne dass etwa das Verhalten der Mutter Einfluss darauf gehabt hätte. Tatsächlich hat Klein diesen Standpunkt so nie vertreten, sondern vielfach darauf hingewiesen, dass das Verhalten der Mutter entscheidend zum Verlauf der intrapsychischen Entwicklung, insbesondere in Hinblick auf die Bewältigung der geschilderte Ängste, beiträgt und dass »vom Beginn der psychischen Entwicklung an […] eine ständige Wechselbeziehung zwischen den realen und den ins Ich aufgenommenen Objekten […] besteht« (Klein, 1935/2015, S. 63).

Um es noch einmal zu komprimieren: Die ersten Lebensmonate sind aus kleinianischer Sicht geprägt von überwältigenden, einerseits hoch beängstigenden, andererseits beglückenden leiblich-affektiven Zuständen des Säuglings, die er als verfolgende bzw. als ideale Objekte erlebt, derer er sich nicht erwehren kann und die er wegen der projektiven/introjektiven Diffusion innerer und äußerer Realität nicht realistisch zuordnen kann. Die Objektbeziehungen sind entsprechend gespalten in Nur-Gut und Nur-Böse; die dominierende Abwehr- bzw. Bewältigungsstrategie ist die *projektive Identifizierung,* die tendenziell die spaltungsbedingte Verfolgungskonstellation (paranoid-schizoid) und damit die Angst *vor* rachsüchtigen Objekten weiter zuspitzt. *Verfolgung* und *Rache* sollten hier als narrative Metaphern verstanden werden, die aus den Analysen erwachsener oder zumindest schon sehr sprachmächtiger Kinder stammen und erneut der Not geschuldet sind, Vorsprachliches vorstellbar zu machen.

6 Die depressive Position – Trauer, Schuld und ganze Objekte

Die depressive Position stellt im kleinianischen Verständnis den entscheidenden Entwicklungsschritt in der Ausbildung seelischer Strukturen und reifender Objektbeziehungen dar. Auch hier ist die Namensgebung unter Umständen irreführend, denn das Entwicklungsziel sollte doch wohl nicht eine solide Depression sein!

Gemeint ist natürlich etwas anderes, und auch das verweist auf Melanie Kleins Beobachtungen kleiner Kinder, die mit ganz spezifischen Problemen in der Bewältigung dieses Schrittes zu kämpfen hatten. Sie litten typischerweise unter quälender Traurigkeit und depressiven Ängsten, die Klein als Ausdruck intensiver Schuldgefühle interpretierte, die Beziehung zum guten Objekt – meist der Mutter – zu zerstören, zu vergiften oder Ähnliches. Hierher gehört auch Kleins äußerst kontroverse Hypothese, die diese Schuldgefühle im Zusammenhang mit sehr frühen ödipalen Phantasien im ersten Lebensjahr sieht (Klein, 1927/1991).

Die Krise wird damit in Zusammenhang gebracht, dass Kinder – und zwar offenbar bereits ab dem sechsten Lebensmonat – aufgrund ihrer neurologischen und psychischen Entwicklung in die Lage geraten, sowohl die Eltern als auch sich selbst zunehmend realistischer und vollständiger wahrzunehmen. Was in dieser Kürze wie ein erfreulicher Zugewinn an kognitiv-affektiven Kompetenzen klingt, verändert allerdings die innere Welt des Kindes dramatisch. Aus kleinianischer Sicht liegt der entscheidender Faktor in der Integration der bisher gespaltenen Objektvorstellungen – der Partialobjekte – zu ganzen Objekten. Das hat schwerwiegende Konsequenzen:

1. Das Kind erkennt, dass die hoch idealisierte Mutterimago – die »gute Brust« –, das perfekte Objekt, auch erhebliche Unzulänglichkeiten aufweist. »Die Brust, die ihn nährt, ist auch die Mutter, die ihn warten lässt« (Hinshelwood, 2004, S. 203). Das bedeutet den Verlust eben dieses wunderbaren, idealen inneren Objekts.
2. Das Kind erkennt – in einer ebenfalls induzierten Integration der Selbstaspekte –, dass seine aggressiven Impulse nicht nur bösen Objekten gelten, sondern auch den geliebten Objekten.
3. Es entstehen Phantasien über den Verlust, gewissermaßen die »Beschädigung« des guten Objekts, für die sich das Kind zunehmend schuldig fühlt.
4. Die depressive Angst, die aus diesem Prozess erwächst, hat einen ganz anderen Charakter als die oben genannten Ängste der paranoid-schizoiden Position. War es dort die Angst *vor* verfolgenden bösen Objekten, ist es nun die Angst *um* das gute, vollständige Objekt, die zu Tendenzen der Wiedergutmachung und Verantwortung für die Beziehung führen kann.
5. Bei Bewältigung dieses Schritts kommt es zu einer deutlichen Reifung der Objektbeziehung. »Anteilnahme, Kummer und Liebe in Bezug auf das ganze Objekt gelten nun dem Objekt selbst, nicht nur den Befriedigungen, die es vermittelt« (Hinshelwood, 2004, S. 204). Insbesondere werden die Beziehungen belastbarer; das Objekt kann trotz seiner negativen Aspekte geliebt werden, während es in der paranoid-schizoiden Position bei jeder Frustration unmittelbar wieder zu einem malignen Verfolger wird.
6. Wenn die spezifischen Belastungen und Ängste in der Bewältigung der depressiven Ängste zu groß werden, kann es zu Rückzügen in die paranoide Position kommen, die sich unter Umständen verfestigen und an *manischen* Abwehrformationen erkennbar sind. Es sind dies insbesondere Strategien, die bei Patientinnen und Patienten mit schweren Persönlichkeitsstörungen gut beobachtbar sind. Ursprünglich hatte Klein hier sogar eine eigene, die *manische* Position postuliert. Im aktuellen Diskurs der kleinianischen Schule werden diese häufig chronifizierenden Prozesse als

Abwehrorganisation und »Borderline-Position« verstanden (vgl. Wildberger, 2015; Steiner, 2015). Wie Hinshelwood zeigt (2004, S. 214 f.), kommt dabei der Verleugnung der psychischen Realität der Abhängigkeit von geliebten Objekten eine zentrale Bedeutung zu. Sie zeigt sich zum Beispiel in omnipotenten Rückzügen in illusionäre Autarkie mit spürbarer Verachtung für die Objekte, sodass unerträgliche Verlust- und Schuldgefühle nicht erlebt werden müssen. Diese Abwehrdynamik kann in voller paranoider Stärke bis zum Suizid führen, der in der Tiefe eine Rettung idealisierter Objekt- und Ich-Anteile bedeutet (Klein, 1935/2015, S. 75).

An dieser Stelle muss erneut die Bedeutung des Konzepts *Position* betont werden. Es handelt sich bei den geschilderten Prozessen niemals um abgeschlossene Schritte. Vermutlich sind wir lebenslang damit beschäftigt, immer wieder die depressive Position zu erringen und zu bewältigen. Es dürfte jedem zugänglich sein, dass wir weder individuell noch kollektiv/gesellschaftlich allzu große Belastungen und Krisen benötigen, um belastende Inhalte zu projizieren, schuldige Objekte zu identifizieren, um diese dann mit vermeintlich großer moralischer Berechtigung bekämpfen, ausstoßen oder anderweitig entsorgen zu können.

Ungeachtet der großen behandlungstechnischen Bedeutung der dargestellten Konzeptionen in der Therapie schwer persönlichkeitsgestörter Patienten, die durchweg in der frühen Position und ihren Abwehrstrategien fixiert bleiben, sind sie in der Behandlung auch höher strukturierter Patienten von hohem Wert. Wie das weiter unten skizzierte Fallbeispiel (Kapitel 8) verdeutlicht, lassen kleinianische Perspektiven vor allem unbewusste chronisch selbstdestruktive Prozesse verständlich und in gewissem Sinn »denkbar« werden.

Wie im nächsten Kapitel über die Konzeption Bions gezeigt wird, befinden sich beide Positionen vermutlich darüber hinaus im gesunden Fall in einem Wechselspiel, einer gegenseitigen Kommunikation.

In jedem Fall tragen wir alle die Spuren und Erinnerungen an diese frühen Prozesse in uns. Der Leser, die Leserin erinnere sich bitte an die Idealisierungen des letzten Verliebtheitsdeliriums und das Bemühen um die Anerkennung der Realität eines Anderen und um die Beziehung zu ihm, die nicht leicht zu leisten ist.

Und vor allem ist Kunst, die uns berührt, häufig durchzogen von den Spuren dieser Verluste und Gewinne. So zeigt Bayer (2015) entlang der kleinianischen kunsttheoretischen Konzeption Segals, dass die Bilder des amerikanischen Malers Edward Hopper durchdrungen sind von der Melancholie um den Verlust des Objekts im Prozess der Individuation des Selbst.

Etwas Vergleichbares versuchte vielleicht die vierjährige Sofia auszudrücken, als sie nach einem Streit mit der Mutter dieses »Selbstbild« (Abbildung 1) zeichnete, das nicht Verfolgung und Angst, sondern Kummer, Sorge und inneren Konflikt ausdrückt.

Abbildung 1: Sofia, vier Jahre, nach einem Streit mit der Mutter

7 Bion – die Entwicklung des Denkens aus der Not

Wilfred R. Bion, ein Analysand Kleins, ist sicher einer der einflussreichsten Autoren und Denker in der Nachfolge Kleins. Sein Werk ist zu komplex, um hier umfassend skizziert zu werden. Eine ausführliche Einführung bieten Kennel und Reerink (2015) sowie im Kontext von Biografie und Werk Wiedemann (2007). Im Folgenden soll vor allem ein zentraler und für die psychodynamische Behandlungstheorie bedeutsamer Aspekt vorgestellt werden.

Die bisherigen Ausführungen haben bereits verdeutlicht, dass im kleinianischen Konzept die frühkindliche Welt durch zwei grundlegend verschiedene intrapsychische Konstellationen (»Positionen«) gekennzeichnet ist. Diese stellen vollkommen unterschiedliche, hoch spezifische Systeme aus unbewussten Phantasien über die Objekte und das Selbst sowie die Beziehungen zwischen ihnen dar. Sie dienen der Bewältigung jeweils ganz spezifischer Ängste im Konflikt zunehmend komplexer Objektbeziehungsstrukturen. Zentral ist die Auseinandersetzung mit jeweils sehr beunruhigenden destruktiven Kräften, deren psychische Repräsentation stets Ausdruck einer Erinnerung an Erfahrungen ist und zugleich die Abwehr und Bewältigung dieser Erfahrungen durch ganz unterschiedliche psychische Manöver verkörpert. Dadurch entsteht eine häufig verwirrende intrapsychische Welt, in der innere und äußere Realität ursprünglich unauflöslich miteinander legiert sind.

Bion übernimmt die Bipolarität dieser Positionen, die lebenslang im Menschen präsent sind, und versteht ihre Oszillation als Ausdruck psychischer Gesundheit. Sein bedeutendster Beitrag besteht wohl in der Ausarbeitung einer Entwicklungstheorie, die das Ringen des Kindes um die psychische Anerkennung der Realität abbildet und die hohe Fragilität dieser seelischen Kompetenz verständlich werden lässt. Bereits Freud hatte sich dieser Frage gewidmet; sie bildet sich vor allem in den unterschiedlichen Prozessen des Lust- bzw. Realitätsprinzips ab (vgl. Freud, 1915).

Bion leistet in seiner Theorie nun etwas Bahnbrechendes: Er zeigt, dass das kleine Kind vom Beginn des Lebens an darauf angewiesen ist, dass seine primäre Bezugsperson, in der Regel die Mutter, in ganz spezifischer Weise in diesen »Transformationsprozess« (Reerink, 2015, S. 103) eingebunden ist, damit die Entwicklung, der Aufbau und die Funktion gesunder intrapsychischer Strukturen gelingen können. Wie sich zeigen lässt, nimmt er aktuelle Befunde, insbesondere der Mentalisierungsforschung, vorweg.

Vergleichbar mit allen wesentlichen Neuerern psychoanalytischer Metatheorie ringt auch Bion vor allem um das Verständnis der komplexen und verwirrenden Prozesse in der Therapie strukturell schwer gestörter Patienten überwiegend mit Borderline- und narzisstischen Persönlichkeitsstörungen. Kennzeichnend ist hier vor allem die tief verwurzelte Unfähigkeit – oder Weigerung? –, konstruktive Prozesse im Rahmen der Therapie, Deutungen des Therapeuten wie auch eigene Erkenntnisse in eine realistischere Lebens- und Beziehungsgestaltung umzusetzen.

Bereits Reich hatte diese häufig vollkommen ich-syntone, dabei trotz erkennbar guter Intelligenz hoch irrationale Widerstandsform als »Charakterwiderstand« beschrieben (Reich, 1933/1973), die den üblichen psychoanalytischen Interventionen gegenüber vollkommen resistent erschien. Sie imponiert meist als eine spezifische Denkstörung, die häufig den Mentalisierungsprozess des Therapeuten oder der Therapeutin gleichermaßen beeinträchtigen, gewissermaßen lahmlegen kann. Dabei ist mit »Denken« hier kein rein kognitiver Prozess gemeint, sondern bezeichnet eher in Fonagys Sinn die mentalisierende Kompetenz, affektive und kognitive Prozesse sinnhaft zu integrieren und die innere wie äußere Beziehung zu sich selbst, zu wichtigen Anderen und den Belangen der äußeren Realität realistisch zu gestalten und aus Erfahrungen zu lernen.

Und eben diese Fähigkeit – »Lernen durch Erfahrung« (Bion, 1962/1990) – steht im Zentrum von Bions Untersuchungen. Sie entwickelt sich vor dem Hintergrund einer ausreichenden Frustrationstoleranz, die nur mithilfe einer seelisch stabilen Mutter entwickelt werden kann. Für Bion ist die Urform dieses Prozesses die Verwandlung des *bösen inneren Objekts* »Hunger« in das gute Gefühl der Sättigung und Zufriedenheit durch die Mutter, die dazu die Not des Kindes aufnehmen, verstehen und durch angemessenes Handeln aufheben können muss. Bion nennt die quälenden, verfolgenden, aus dem Körperinneren stammenden primären negativ-affektiven Zustände des Säuglings *β-Elemente*. Sie sind noch nicht eigentlich psychische Verfassungen, sondern eben leiblich-affektive Befindlichkeiten, denen das kleine Kind ausgeliefert ist, die es noch nicht denken, nicht verstehen, nicht verdrängen und auch nicht träumen kann (vgl. Boll-Klatt u. Kohrs, 2018a, S. 133 ff.; Kohrs, 2018). Es bedarf der *α-Funktion* der Mutter, in oben genannter Weise die vorsprachlichen Mitteilungen des Kindes über seine Verfassung in einer intuitiven, gewissermaßen traumartigen Weise zu erahnen *(Rêverie)* und dann in bewusstseinsfähige Gedanken und Handlungen zu transformieren. Dazu muss sie auch in der Lage sein, diese Nöte des Kindes als ein *Container* gewissermaßen in sich aufzubewahren – *Containing* –, bis sie dem Kind quasi in verdauter Form als psychische Inhalte verträglich vermittelt werden können.

Und dieser *α-Prozess* verwandelt eben nicht nur Hunger in Sättigung, die *böse, abwesende Brust* in eine *gute Brust,* sondern bietet dem Säugling die Grundlage zur Entwicklung von Gedanken, inneren Bildern, Erfahrungsmustern, auf die er zurückgreifen kann, sodass die Erfahrung von Hunger mit einem sinnlichen Bild der begehrten Brust (»needed breast«, Bion, 1962/1990, S. 138) verbunden werden kann. Bei ausreichender Versorgung des Kindes mit entsprechenden Verwandlungserfahrungen entsteht so zunehmend eine »Denkautonomie«, die den denkenden und lernenden Bezug des Kindes zur äußeren Realität befriedigend verlaufen lässt.

Bei Störungen dieser Entwicklung, insbesondere durch Labilität der Mutter gegenüber intensiven negativen Affekten des Kindes, gelingt die Entwicklung dieser Frustrationstoleranz nicht. Dann dominieren weiterhin negativ-affektive Zustände im Sinne der *β-Elemente* das Erleben des Kindes, die nicht in tröstliche, konstruktive und entwicklungsfördernde Gedanken verwandelt werden können. Sie müssen weiterhin ausgeschieden werden, zumeist auf dem Weg *übermäßiger* projektiver Identifizierung, die so zu einem pathologischen Abwehrmodus wird. Diese verliert so ihre ursprünglich entwicklungsfördernde vorsprachliche kommunikative Funktion zwischen Mutter und Kind. Es entstehen stattdessen spezifische Manöver, den unvermeidlichen, aber unerträglichen Versagungen durch die Realität auszuweichen. Diese sind im Wesentlichen permanente Angriffe gegen jedes Erleben von Raum, Zeit, Zweiheit (Getrenntheit!) – »Angriffe auf Verbindungen« (Bion, 1959/1990) –, da diese immer wieder unerträgliche Ängste auslösen. Typische Abwehrmanöver bestehen häufig in einem narzisstisch-grandiosen Rückzug in omnipotente Vorstellungen. Die vordergründige moralische/intellektuelle Überlegenheit erübrigt die Fähigkeit, sich auf ein Lernen aus realen Erfahrungen einzulassen und etwa zwischen wahr und falsch zu unterscheiden.

So blockierte Herr U., ein 32-jähriger Patient, seine Analyse lange Zeit, indem er jede Bemerkung, Deutung oder auch nur Überlegung seines Analytikers mit der Bemerkung aufnahm: »Komisch, das habe ich auch gerade gedacht!« Es gab zahlreiche Varianten – »Habe ich gestern schon gedacht«, »Hatten wir das nicht schon?«, »Ist mir auch aufgefallen« –, und der gemeinsame Denkprozess wurde geradezu paralysiert, da keinerlei Dialog, echte Reflexion oder Ähnliches möglich waren.

Der Fall wird an anderer Stelle ausführlicher diskutiert (Boll-Klatt u. Kohrs, 2018a, S. 136 f.). Hier soll nur gezeigt werden, dass durch die effektive, wenn auch primitive Vermeidung von Neid, der im Fall ausreichender Toleranz eben auch eine entwicklungsfördernde Wirkung haben kann, keinerlei mentalisierende Kompetenz in Bezug auf altersgemäße Lebensbereiche entstehen konnte. Der Patient lebte trotz guter Intelligenz und eines hohen akademischen Abschlusses auf niedrigstem Organisationsniveau, vergleichbar einem leicht verwahrlosten Adoleszenten, dem keine Beziehung gelang, da er sich jeweils in kürzester Zeit in hoch aggressive Rechthabereien verstrickte und beruflich weit hinter seinen rein intellektuellen und kognitiven Fähigkeiten zurückblieb.

Für die psychodynamische Behandlung dieser Pathologie stellt Bions Konzept eine Perspektive zur Verfügung, die über die klassische Abwehr- und Widerstandsdeutung hinausgeht. In Zentrum der Behandlung müssen die oft kaum zu verbalisierenden Ängste der Patienten vor Getrenntheit, Scham, Abhängigkeit und Neid stehen. Dabei zählt es zu den anspruchsvollsten behandlungstechnischen Aufgaben, dass wesentliche Prozesse zunächst nicht vom Therapeuten verbalisiert werden können und sollen, sondern erst im Sinne des oben genannten mütterlichen *Containing* atmosphärisch aufgenommen, gehalten und sinnhaft verstanden werden müssen. Dabei kommt es oft zu erheblichen Belastungen des Behandlers oder der Behandlerin wie auch der therapeutischen Beziehung, da es sich bei den Inhalten oft um hoch beängstigende, aggressiv und destruktiv aufgeladene Zustände handelt, die geradezu zur Handlung drängen.

8 Fallbeispiel

Frau D., eine 45-jährige Architektin, begab sich wegen ernster depressiver Beschwerden in die Behandlung. Seit dem dramatischen Auszug ihrer adoleszenten Tochter und einem weitgehenden Kontaktabbruch durch diese zog sie sich immer weiter zurück, grübelte über ihre Schuld am Scheitern der Mutter-Tochter-Beziehung und verlor das Interesse an fast allen sozialen Beziehungen. Sie suchte häufig – leidend-lustvoll – Streit, machte sich durch Besserwisserei unbeliebt und sah sich dann in ihren Erwartungen bestätigt, allerdings auch, was den eigenen Unwert anging.

Es ist wichtig festzustellen, dass Frau D. – abgesehen von krisenbedingten Einschränkungen – keine strukturellen Defizite zeigte. Sie war hochintelligent, hatte mehrere akademische Abschlüsse erreicht, war beruflich erfolgreich und in ihrer Wahrnehmung anderer und ihrer selbst kognitiv wie affektiv differenziert und schwingungsfähig, das heißt auch empathisch mit anderen.

Im Verlauf krisenhafter Prozesse und im Rahmen der therapeutischen Regression jedoch trat fast eine andere Person in den Vordergrund. Die Patientin sprach mit monotoner Stimme und war zutiefst überzeugt, dass niemand an ihr interessiert sei und Beziehungen zu ihr ausschließlich auf Ausbeutung und Manipulation zugunsten der anderen basierten. Dafür wurden immer wieder zahlreiche Beispiele geschildert, durchweg sehr überzeugend, sodass in der Gegenübertragung des Therapeuten ein zunehmendes Gefühl überwältigender Aussichtslosigkeit und alternierend eine intensive, aber objektleere Wut entstanden.

Die dominierende Objektbeziehung ließ sich verdichtet formulieren: »Die kümmern sich alle nur um sich. Die machen es sich leicht, und ich mache den Rest und erledige die schwierigen Dinge!« Mit zunehmender Entwicklung der regressiven Öffnung wurde der Patientin ein tiefer Neid auf die Objekte zugänglich, begleitet von intensiver Genugtuung und Schadenfreude über Verluste und Niederlagen anderer. Dieser Prozess alternierte dann regelmäßig mit schweren Schuld- und Schamgefühlen und bot das Bild eines unentrinnbaren Zirkels.

In der Biografie dominierte vor allem das Narrativ des Lebensbeginns. Sie sei kein Wunschkind gewesen, die Eltern seien ihretwegen eine »Muss-Ehe« eingegangen. Die sehr junge Mutter sei wohl überfordert gewesen und habe die Patientin mit sechs Monaten für zwei Jahre zu den Großeltern gegeben. Dort habe sie sich aufgehoben gefühlt und habe nicht zurückgewollt. Nach der Rückkehr ins Elternhaus habe die Mutter sie als verwöhnt beschimpft und die guten Erfahrungen bei den Großeltern immer wieder entwertet. Beide Eltern seien sehr einfache Menschen, über Emotionales sei nie gesprochen worden, bis heute nicht. Sie selbst habe sich beiden Eltern zunehmend überlegen gefühlt. In der Schule sei sie glücklich gewesen, immer eine der Besten, in Büchern und im Wissen fühle sie sich zu Hause. Es sei ihr immer wichtig gewesen, dass ihre Tochter es besser haben solle als sie, vielleicht habe diese sogar besser *sein* sollen als sie selbst.

Der komplexe Behandlungsverlauf kann hier nicht wiedergegeben werden. Es sollte aber deutlich geworden sein, dass in Frau D. durch den Zusammenbruch eines omnipotent anmutenden Versuchs, gewissermaßen gemeinsam mit der Tochter eine geradezu triumphale Mutter-Tochter-Dyade zu realisieren, um endlich die basale, zutiefst enttäuschende Objektbeziehung zu einer durchweg versagenden Mutter zu überwinden, eben diese Objektbeziehung in voller paranoider Stärke reaktualisiert worden war. Es gab jetzt ausschließlich enttäuschende, versagende, parasitäre Beziehungen, aus denen sie sich nur noch in kontrollierbare Rückzugsorte verabschieden konnte, nur um dort von unerträglichen Schuldgefühlen heimgesucht zu werden. Bezeichnend war der häufig verwirrend schnelle Wechsel zwischen einer anklagend-vorwurfsvollen Position mit einer überlegenen, oft höhnischen intellektuellen Selbstkonstellation und einer unterlegenen, ausgelieferten Selbstrepräsentanz, die von tückischen, berechnenden und rachsüchtigen Objekten verfolgt wurde. Dabei spielte es keine Rolle, ob es sich um ehemalige Freundinnen, einen klagefreudigen Grundstücksnachbarn oder das neue Umfeld der Tochter handelte.

Ein entscheidender Prozess in Richtung auf die depressive Position begann, als die Patientin ihre inzwischen alte Mutter erlebte, die sich erneut komplett überfordert zeigte, einen Krankenhausaufenthalt des Vaters zu bewältigen: nicht in emotionaler Hinsicht, das schien keine große Belastung darzustellen, sondern in Hinblick auf zu führende Telefonate, Besuchsfahrten usw.

In der Patientin entstand die Frage, ob das auf eine beginnende Senilität zurückzuführen sei – oder ob die Mutter eigentlich immer schon so inkompetent und mit der alltäglichen Lebensbewältigung basal überfordert gewesen war. Die Frage »*Kann* sie nicht oder *will* sie nicht?« ließ Frau D. nicht mehr los, und auf die Frage des Therapeuten »Was wäre, wenn sie niemals mehr *gekonnt* hätte?« änderte sich die Atmosphäre im Behandlungsraum geradezu greifbar. Die bittere, anklagende, rachsüchtige und aussichtslose Stimmung wich einer alles durchdringenden Traurigkeit, die auch den Therapeuten erfasste – noch bevor Frau D. schließlich antwortete: »Dann wäre ich so abgrundtief traurig, dass ich gar nicht wüsste, ob ich das aushalten kann!«

In der Bearbeitung dieses Schrittes wurde der Patientin bald zugänglich, dass sich diese gereifte und bestürzende Sicht natürlich nicht auf die Mutter beschränken würde. Allmählich gelang es ihr, auch die eigene Tochter in deren ganz eigener, anderer Realität zu erkennen, die von der eigenen Projektion stabilisierender Größenphantasien weit abwich. Dabei kam es in der Anerkennung eigener Verantwortung immer wieder zu schweren Schuldkrisen, die zu depressiven Episoden, insbesondere aber auch zur Reaktivierung narzisstischer Rückzüge in eine grandiose Einsamkeit führten, in der Verlassensein und Einsamkeit nicht gefühlt und bewältigt werden mussten.

9 Innere Welten als Ergebnis von Direktbeobachtung und Experimenten

Neben dem Material aus Kinderanalysen und den Rekonstruktionen aus Erwachsenenanalysen stellt die beobachtende Säuglings- und Kleinkindforschung – durchaus nicht unumstritten – das dritte Standbein der psychoanalytischen Entwicklungspsychologie insbesondere der ersten beiden Lebensjahre dar. Auch wenn er selbst keine Säuglinge beobachtet hat, verdient Bernfeld und dessen große Monografie über die »Psychologie des Säuglings«, die 1925 erschien, eine besondere Hervorhebung. Als Pionier auf dem Feld der Direktbeobachtung kann Peter Wolff (1959) gelten, der in der Psychoanalyse aber kaum rezipiert wurde. Der Anfang des dann einsetzenden »Booms« der Direktbeobachtung als zunächst extraklinischer Forschungsmethodik lässt sich auf die erste Hälfte der 1960er Jahre datieren (Dornes, 2004, S. 21). Insbesondere die Ausarbeitung der *Bindungstheorie* des Psychoanalytikers John Bowlby und der Entwicklungspsychologin Mary Ainsworth kann als Meilenstein in diesem Feld definiert werden.

Inhaltlich nimmt die Bindungstheorie mit empirischen Methoden ein Grundanliegen der psychoanalytischen Entwicklungstheorie auf, nämlich die Untersuchung der gravierenden Bedeutung der frühen Mutter-Kind-Beziehung für die spätere gesunde und pathologische Entwicklung des Kindes (vgl. z. B. Strauß, 2008). So stellt die Bindungsforschung eine Schnittstelle zwischen Psychoanalyse und Entwicklungspsychologie dar, die die Kluft zwischen der allgemeinen Psychologie und der klinischen psychodynamischen Theorie überbrücken könnte bzw. überbrückt. Allerdings traf Bowlby bei den Kleinianern und auch bei Anna Freud auf erbitterten Widerstand; für sie war der Begriff »attachment behaviour« ein »Unwort« (Seiffge-Krenke,

2017, S. 15), und es kam für eine lange Zeit zur Ausklammerung der Forschungen Bowlbys aus den »heiligen Hallen« der Psychoanalyse (Ludwig-Körner, 2016). Inzwischen hat die Bindungstheorie ihren Platz nicht nur in der klinischen Psychologie und Psychotherapie, sondern auch in der modernen Psychoanalyse gefunden und sich dort fest etabliert (Strauß u. Schauenburg, 2017, S. 343).

Als einer der prominentesten Vertreter der empirischen Säuglings- und Kleinkindforschung ist Daniel Stern zu nennen, der seine Forschungsergebnisse und die daraus abgeleiteten Konzepte in seinem Werk »Die Lebenserfahrung des Säuglings« (1985/2010) veröffentlicht hat. Der Titel weist darauf hin, dass bei Stern – wie auch bei anderen Forschern in diesem Feld – Beobachtungen nicht für sich stehen, sondern dass daraus Aussagen zum subjektiven Erleben extrahiert werden sollen. Dies gilt ebenso für andere renommierte Forscher und ihre Arbeitsgruppen, wie Emde (1991a, 1991b), Lichtenberg, Lachmann und Fosshage (2000), Fonagy und Target (2006) sowie von Klitzing (1998).

Der Autor Martin Dornes (2000, 2003, 2004, 2008) kann im deutschsprachigen Raum als *der* Psychoanalytiker gelten, der zwar nie selbst geforscht, sich aber intensivst mit den Befunden der psychoanalytisch inspirierten empirischen Säuglings- und Kleinkindforschung auseinandergesetzt hat. Diese Diskussion reicht vom primären Narzissmus über Mahlers Autismus und Symbiose (Mahler, Pine u. Bergmann, 2008), von der Gespaltenheit im Erleben der Selbst- und Objektwelt, von der infantilen Sexualität und vom Unbewussten bis hin zur Mentalisierung. Besondere Aufmerksamkeit widmet Dornes den Fragen, ob Säuglinge so autistisch und symbiotisch sind, wie Mahler sie beschreibt, ob Säuglinge phantasieren können und ob das Konzept der Teilselbste und Teilobjekte in den frühen Lebensphasen haltbar ist (vgl. auch Boll-Klatt u. Kohrs, 2018a, S. 193 ff.). Die letztgenannten Themen spielen – wie schon ausgeführt – in der kleinianischen Theorie eine herausragende Rolle.

Ein erwähnenswerter neuerer Beitrag zur Thematik stammt von Nauenheim (2016), der von den Beobachtungen und Ergebnissen der Säuglingsforschung sowie von psychoanalytischen Entwicklungstheorien ausgeht und die jeweiligen beschriebenen Phasen des kleinkindlichen Seelenlebens veranschaulicht, indem er strukturelle Ähnlichkeiten mit Sagen der griechischen und christlichen Mythologie aufzeigt.

10 Unterschiedliche Forschungsmethoden – das Spannungsfeld zwischen den klassischen psychoanalytischen Entwicklungstheorien und der psychoanalytisch inspirierten empirischen Säuglings- und Kleinkindforschung

Die meisten Konzepte und Theorien der Psychoanalyse entstammen der Reflexion klinischer Realität. Das »psychoanalytische Junktim« (Freud, 1927, S. 293) besagt, dass Heilen und Forschen in der Durchführung von Psychoanalysen untrennbar und sich wechselseitig bedingend miteinander verbunden sind, das heißt, dass das eine ohne das andere nicht geht. Die Säuglings- und Kleinkindforschung hingegen lässt sich definieren als eine direkt beobachtende Entwicklungspsychologie, die zu einer empirisch angeleiteten, psychoanalytisch inspirierten Theorie insbesondere der präverbalen Entwicklung beitragen möchte. Voraussetzung für diese Erweiterung ist die Berücksichtigung der Forschungen aus Nachbarwissenschaften – insbesondere der akademischen Psychologie –, die mit der Aufgabe des Junktims einherging.

Säuglingsforscher haben ab den 1970er Jahren eine Reihe faszinierender Experimente entwickelt, mit deren Hilfe sie Säuglinge »*gefragt*« haben und ihr *beobachtetes Verhalten* als »*Antworten*« auf ihre »*Fragen*« verstanden haben. Die Validität dieses Vorgehens gründet auf der Einheit von Erleben und Verhalten in den frühen Lebensphasen. Säuglinge und Kleinkinder sind noch nicht in der Lage, Verhalten und Erleben voneinander zu trennen. Ein Erwachsener in einem hohen intrapsychischen aggressiven Spannungszustand kann sich bemerkenswert unaggressiv verhalten. Ein Säugling kann das mit Sicherheit nicht: Gefühle können noch nicht verdrängt oder verborgen werden, und deshalb geben mimische Gefühlsausdrücke, Körpermotorik und Verhaltensmanifestationen verlässliche Informationen über das Vorhanden- oder Nichtvorhandensein bestimmter Gefühle (Dornes, 2003). Zur Einschätzung der Kompetenzen und Fähigkeiten von Säuglingen und Kleinstkindern wurden Experimente entwickelt, die zum Beispiel die Habituation auf Reize mit sehr einfachen Methoden wie der Erfassung des Saugreflexes geprüft haben und damit vom Design her auf einer ganz anderen Ebene als die komplexen Theorien Kleins stehen (vgl. Dornes, 2004, S. 34 ff.). Die spezifischen experimentellen Untersuchungsmethoden der Säuglingsforscher können jedoch nur in *Zeiten wacher, entspannter Aufmerksamkeit des Säuglings* durchgeführt werden, das heißt, dass das Wahrnehmungssensorium intakt sein muss, um überhaupt verwertbare »Antworten« zu bekommen. Damit ist die Aussagekraft der Ergebnisse auf diese Zustände, die etwa 25 Prozent des Säuglingslebens ausmachen, begrenzt. Phasen sogenannter »*high tension states*«, wie sie wiederkehrend im Zusammenhang mit Durst, Hunger, Schmerz, Müdigkeit, Kälte oder Hitze auftreten, bleiben in diesen experimentellen Zugangsweisen unberücksichtigt. Jede Elternperson weiß, wie sich der Zustand ihres Babys innerhalb von wenigen Sekunden verwandeln kann, gerade noch wache, entspannte Aufmerksamkeit, dann oft plötzlich, scheinbar ohne erkennbaren Anlass ein Umkippen in verzweifelt-ohnmächtige Spitzenerregung, die die Kompetenzen des Wahrnehmungssensoriums zusammenbrechen lässt und in innere Zustände führt, die auch von außen beobachtet sicherlich mit dem Begriff der Vernichtungsangst treffend beschrieben werden. Es wäre eine unzulässige Verkürzung, würde man in Abrede stellen, dass solche Erlebensmodalitäten nicht auch völlig »normale« Bestandteile des Säuglingslebens ausmachen.

Ein Beispiel für die vermeintliche Unüberbrückbarkeit der Gegensätze beobachtender Entwicklungspsychologie und psychoanalytischer Entwicklungstheorie lieferten die heftigen Kontroversen zwischen dem Säuglingsforscher Daniel Stern und dem französischen Psychoanalytiker André Green, die hier nur sehr verkürzt wiedergegeben werden können (vgl. Dornes, 2008, S. 22 ff.): Green bestand auf der einzigartigen Forschungsposition des Psychoanalytikers und ließ als Erkenntnisquelle für Intrapsychisches nur die analytische Situation gelten. Säuglingsforschung dagegen stelle eine reine Interaktionstheorie dar, die prinzipiell gar nicht in der Lage sei, Intrapsychisches oder Unbewusstes zu erfassen. Das sei das Feld der Psychoanalyse, nämlich das Unbewusste im Analysanden zu erfassen. Damit interessiere den Analytiker gar nicht der Säugling selbst, sondern der »*Säugling im Erwachsenen*« bzw. bei Kinderanalysen »*der Säugling im Kind*« (Green, 2000b, S. 453) und somit »der Säugling im Patienten«, also gerade nicht der Säugling der Beobachtung.

Vonseiten der Säuglingsforscher wurde den auf Rekonstruktionen bzw. Konstruktionen beruhenden psychoanalytischen Entwicklungspsychologien ebenso heftige Kritik entgegengebracht. Sie wendeten ein, dass diesen auf klinischem Material beruhenden Vorstellungen ein »*pathomorphes und adultomorphes Aroma*« anhafte (Dornes, 2003, S. 20). Dornes (2003, S. 23 ff.) kritisierte zusätzlich einen theoretikomorphen Mythos als Folge des deduktiven Vorgehens: Demnach sei der Säugling so, wie die analytische Theorie über ihn es vorschreibt. Dies gilt auch für Klein, die keine Säuglinge und Kleinstkinder, sondern bereits sprechende Kleinkinder ab zwei bis drei Jahren beobachtete und behandelte und sich mit ihren Ausführungen zur inneren Welt von Säuglingen hauptsächlich auf Freuds Aggressions- bzw. Todestrieb bezog.

Dieser Kritik hielten die rekonstruierend arbeitenden analytischen Entwicklungstheoretiker entgegen, dass ihre Entwicklungspsychologien gar nicht abbilden sollen, was der Säugling sieht, hört, schmeckt, fühlt und empfindet, sondern nur schildern, was Patienten glauben, wie sie als Säuglinge wahrgenommen, gefühlt und empfunden haben (Seiffge-Krenke, 2008, S. 21). Das entscheidende Kriterium sei nicht *inhaltliche Richtigkeit*, wie Kindheitsentwicklung wirklich verläuft, sondern ausschließlich die *klinische Nützlichkeit*, die sich in der Effektivität der klinischen Anwendung zeigt.

Diese unterschiedlichen Perspektiven markierten über Jahrzehnte eine unüberwindlich erscheinende Kluft zwischen Psychoanalyse und

Säuglingsforschung, die aus der Zuspitzung der Frage resultierte, wer denn nun den »wahren« Säugling beschreiben könne. Die Psychoanalyse kommt zu ihren Daten und Konzeptualisierungen durch die Nutzung von Introspektion und Empathie, mit deren Hilfe sich der Analytiker in den Patienten hineinversetzt und versucht, die Welt mit seinen Augen zu sehen (Dornes, 2004, S. 25). Die Direktbeobachtung betrachtet den Säugling von außen, nicht von innen, und kann zwar Verhalten identifizieren, aber nicht die Gefühlsqualität erfassen, die mit diesem Verhalten einhergeht. Ähnliches gilt für die Mutter-Kind-Interaktion: Es »ist eine Sache, die aktuelle Interaktion von Mutter und Kind zu beobachten, aber eine andere zu verstehen, wie das Kind mütterliche Pflegehandlungen erlebt« (S. 25).

Diesem häufig mit wechselseitigen Entwertungen einhergehenden Streit lag eine merkwürdige Spaltung des Gegenstandsbereichs zugrunde: die Psychoanalyse als die Vertreterin der subjektiven Sphäre des Erlebens, der unbewussten Phantasien und der Einfühlung im Gegensatz zur objektiven Ebene des Verhaltens, der Interaktion, der Beobachtung aufseiten der Säuglingsforscher (Altmeyer, 2006, S. 73). Die Kontroverse zwischen Dornes und Zepf (Zepf, 2006) spiegelt eindrücklich die unterschiedlichen Auffassungen zur Frage wider, inwiefern es überhaupt erlaubt sei, beobachtbares Verhalten als Indikator für inneres Erleben zu nutzen. Im Zuge dieser *»fatalen Arbeitsteilung«* (Altmeyer u. Thomä, 2006, S. 13) wurde allerdings vergessen, dass wir Erleben aus Verhalten erschließen, dass wir im Unbewussten unsere Interaktionserfahrungen speichern und dass auch Einfühlung auf guter Beobachtung beruht. Der wesentliche Unterschied zwischen beiden Methoden besteht eher darin, dass der Analytiker teilnehmender Beobachter ist, dass er also die Übertragung empathisch begleitet *und* aktiv interveniert, während der Direktbeobachter sich in der Regel des zweiten Schrittes enthält.

Erwähnt werden muss allerdings die Tatsache, dass auch empirische Forschung niemals frei sein kann von theoretischen Vorannahmen, die die Interpretation der Befunde dann natürlich beeinflussen. Die Kluft zwischen objektiver Beobachtung und subjektivem Erleben gilt für die Erforschung des Seelischen generell und muss nach Stern (2010, S. 17) überbrückt werden. Beobachtungen stehen nicht für sich. So wird beispielsweise beim Habituations-Dishabituations-Paradigma davon ausgegangen, dass eine vergleichsweise längere Blickdauer gegenüber Reizen, bei denen nur ein Detail verändert ist, bedeutet, dass der Säugling diese Veränderung erkennt (Stern, 2010, S. 65 f.). Stern spricht von »*Inferenzsprüngen*«, gleich welche Art von Empirie und Methodik in der Erhebung der Ausgangsdaten angewendet wird. »Die Innenwelt des Säuglings gehört (wie die des Erwachsenen) zu den unzugänglichen Residuen von Subjektivität, denen wir uns durch solche Erfindungen oder Sprünge immer nur mittelbar annähern können« (Altmeyer, 2006, S. 84).

11 Der kompetente Säugling – die Psychologie Sterns zur Entwicklung des Selbst

Die traditionelle rekonstruierende psychoanalytische Entwicklungstheorie lässt den Säugling als passives, undifferenziertes, seinen Trieben ausgeliefertes Wesen erscheinen, das in einem langen und dramatischen Kampf die Schrecken dieser Zeit der Hilflosigkeit und Abhängigkeit bewältigen muss. Die Ausführungen zur Theorie von Melanie Klein (Kapitel 2) geben ein anschauliches Beispiel für diese Sichtweise. Bei einem Wechsel der Perspektive zur Direktbeobachtung haben wir es mit einem »*kompetenten Säugling*« (Stone, Smith u. Murphy, 1973) zu tun, der nun als aktiv, differenziert und beziehungsfähig erscheint, als Wesen mit Fähigkeiten und Gefühlen, die weit über das hinausgehen, was ihm von der klassischen Psychoanalyse bisher zugeschrieben wurde.

Daniel Stern (1999, 2010), einer der prominentesten Säuglings- und Kleinkindforscher, widmet sich der Entwicklung des Selbst und stellt die Nähe seines Untersuchungsgegenstands zu dem von Klein und Mahler heraus: Das Hauptinteresse gilt bei allen dreien dem frühkindlichen Erleben des Selbst und der Anderen. Psychoanalytische Theorien postulieren unterschiedliche Organisationsprinzipien der Entwicklung. In Freuds Theorie sind es die Triebe bzw. die Auseinandersetzung mit den Triebbedürfnissen, bei Melanie Klein sind es die intrapsychischen Prozesse der Projektion und Introjektion, die die frühe Selbst- und Objekterfahrung konstituieren und verwandeln; ähnlich bei Mahler und Kernberg, die weiter ausdifferenzieren, dass die Selbst- und Objektrepräsentanzen die intrapsychischen Niederschläge dieser Prozesse sind. Auf der Basis der Ergebnisse der empirischen Säuglings- und Kleinkindforschung hat Daniel Stern (1999,

2010) eine Entwicklungspsychologie für eine Struktur, die er »Selbst« nannte, entworfen. Stern stellt das zunächst über körperliche Propriozeption und Interozeption vermittelte Selbstempfinden und dessen Entwicklung ins Zentrum seiner Untersuchungen. Das Selbstempfinden ist der zentrale Bezugspunkt und das organisierende Prinzip, aus dem heraus der Säugling sich selbst und die Welt der Objekte erfährt, verarbeitet, ordnet und organisiert. Stern grenzt sich von den klassischen Entwicklungspsychologien ab; er schreibt: »Die Unterschiede liegen in den Grundannahmen über den Charakter dieses Erlebens, in der Reihenfolge der Entwicklungsstufen und in meiner Konzentration auf die Entwicklung des Selbstempfindens, von der uns Fragen der Ich- oder Es-Entwicklung nicht ablenken werden« (Stern, 2010, S. 36).

Die Empfindung von Selbst und Anderem setzt bei dem aus Beobachtungen erschlossenen subjektiven Erleben des Säuglings an und lässt sich zeitlich in vier Stufen bzw. präziser: Schichten (Stern, 2010, S. II) unterteilen. Ein Schichtenmodell impliziert ein Wachstumsmodell und damit ein Konzept paralleler Schichten. Damit soll ausgedrückt werden, dass nach und nach auftauchende Formen des Selbstempfindens, dazugehörige sozio-affektive Fähigkeiten sowie die Möglichkeiten des Zusammenseins mit anderen lebenslänglich aktiv bleiben und miteinander interagieren, und nicht, dass das Neue bzw. das Weiterentwickelte das Frühere ablöst (Stern, 2010, S. II). Die vier Stufen oder Schichten nach Stern sind:
- die Stufe des auftauchenden Selbstempfindens bzw. der auftauchenden Bezogenheit zwischen null und zwei Monaten;
- die Stufe des Kernselbstempfindens bzw. der Kernbezogenheit zwischen zwei und drei bis sieben und acht Monaten;
- die Stufe des subjektiven Selbst bzw. der intersubjektiven Bezogenheit zwischen sieben und neun bis 15 und 18 Monaten;
- die Stufe des verbalen Selbst bzw. der verbalen Bezogenheit, Beginn mit 15 bis 18 Monaten.

Die folgenden Ausführungen beschreiben Sterns Entwicklungsschichten ausführlicher; sie sind nicht in indirekter Rede geschrieben, was aber nicht dazu verleiten sollte, die Inhalte als eine nicht zu hinterfragende Realität zu interpretieren.

11.1 Phase des auftauchenden Selbstempfindens

Das auftauchende Selbstempfinden entwickelt sich zwischen der Geburt und dem Alter von zwei Monaten. Säuglinge machen in dieser Zeit eine qualitative Veränderung durch, indem sie anfangen, direkten Blickkontakt aufzunehmen, häufiger zu lächeln, Lächeln zu erwidern und sich davon anstecken zu lassen. Sie beginnen zu gurren (Stern, 2010, S. 61). Wie die klassische Psychoanalyse, so betrachtet auch Stern diese Phase hauptsächlich unter dem Gesichtspunkt von Körperempfindungen, Körperspannungen und deren Regulierung. Die Erfahrungen des Säuglings in dieser Phase sind körpernah und tragen zur Bildung eines Körper-Ichs bzw. eines Körper-Selbst bei. Das auftauchende Selbstempfinden ist präreflexiver Natur; somit existiert ein Selbstempfinden, das nicht auf das Vorhandensein eines reflexiven Ich-Bewusstseins angewiesen ist. Stern betont, dass alle mentalen Akte mit einem körperlichen Input einhergehen, wie Arousal, Aktivierungszustände, Muskeltonus oder Entspannung. Weiteren Input aus dem Körper erfährt der Säugling durch all das, was der Körper tun muss, um die mentale Aktivität zu unterstützen und zu intensivieren, wie etwa Bewegungen der Augen und des Kopfes, das Einnehmen bestimmter Körperhaltungen, Verlagerung im Raum und/oder Kontraktion bestimmter Muskeln. Der Körper tut niemals nichts, und darüber erhält der Säugling ein intensives propriozeptives Feedback. Diese Signale des Körpers sind die »nie verstummende Musik des Lebendigseins« (Stern, 2010, S. III).

Das für das auftauchende Selbstempfinden bedeutsame Erleben hingegen muss ein umgrenzter Vorgang oder Moment sein, eine Art des »Entstehens im gegenwärtigen Augenblick« (Stern, 2010, S. III). Es muss differenzierbar sein von allen übrigen unbeachtet bleibenden mentalen und körperlichen Aktivitäten. Stern vertritt vor dem Hintergrund zahlreicher Studienergebnisse die These, dass mit der sogenannten kreuzmodalen Wahrnehmung, den sogenannten Vitalitätsaffekten und der physiognomischen Wahrnehmung (vgl. Boll-Klatt u. Kohrs, 2018a, S. 193 ff.) Säuglinge angeborene Fähigkeiten besitzen, Verknüpfungen zwischen Wahrnehmungen aus verschiedenartigen Sinnesmodalitäten herzustellen, und damit über präformierte Fähigkeiten zur Integration verfügen.

11.2 Phase des Kernselbstempfindens

Das Kernselbst ist eine Wahrnehmungsform, die zwischen dem zweiten/dritten und dem siebten/achten Lebensmonat auftaucht. Sie beruht darauf, dass das Kind sich und die Mutter als physikalisch abgegrenzte Objekte mit verschiedenen affektiven Erfahrungen wahrnehmen kann. Mit Beginn dieser Stufe geschieht einer der beschriebenen Quantensprünge, sodass man als Beobachter den Eindruck gewinnt, es mit einem völlig anderen Wesen zu tun zu haben. Man hat das Gefühl, dass Säuglinge all ihre Kompetenzen nun ins Spiel bringen und sich für eine Weile auf eine interpersonale Situation konzentrieren können. Der Säugling scheint die interpersonale Bezogenheit unter einer organisierenden Perspektive zu erleben und zu gestalten, was den »Eindruck eines integrierten Empfindens seiner selbst als körperliches Wesen erweckt, das vom Anderen getrennt ist, über Kohärenz verfügt, seine eigenen Handlungen und Affekte kontrolliert, ein Kontinuitätsempfinden besitzt und andere Personen als von ihm getrennte eigenständige Interaktionspartner wahrnimmt« (Stern, 2010, S. 104).

Beobachtungsbeispiele sprechen eindeutig gegen eine Verschmelzung von Selbst und Objekt (vgl. z. B. Brazelton u. Als, 1979, S. 141). Der Säugling in dieser Entwicklungsphase besitzt ein integriertes Empfinden seiner selbst und des Anderen. Das Kernselbstempfinden geht aus der Verbindung des Erlebens von Invarianzen hervor, die als Organisationsrahmen dienen (Krause, 2012, S. 299). Stern unter-

scheidet vier kognitiv-affektive Zustände, die mit diesen Invarianzen verbundenen sind (2010, S. 106 ff.):
- das Empfinden, *Urheber eigener Handlungen* und nicht Urheber der Handlungen anderer Menschen zu sein;
- das Empfinden von *Selbstkohärenz*, also ein vollständiges körperliches Ganzes zu sein sowohl in der Bewegung als auch in Ruhe;
- *Selbstaffektivität* als Erleben regelmäßiger innerer Gefühlsqualitäten;
- *Selbstgeschichtlichkeit* als Gefühl der Dauer und der Einbindung in die eigene Geschichtlichkeit sowie das Empfinden, trotz auftretender Veränderungen doch dieselbe Person zu bleiben.

11.3 Phase des subjektiven Selbstempfindens

Zwischen dem siebten und neunten Monat kommt eine neue organisierende Erfahrung hinzu, die auf der Entdeckung beruht, dass es nicht nur physikalische Unterschiede zwischen dem Selbst und den Objekten gibt, sondern auch Unterschiede in den Intentionen. Das Selbst und die anderen sind nun Träger von mentalen inneren Zuständen, Absichten und Gefühlen, die das »offene« Verhalten steuern (Krause, 2012, S. 300). Der Säugling entdeckt, dass er ein Seelenleben besitzt und dass dies auch für andere Personen zutrifft. Er gelangt zu der Erkenntnis, dass die innerseelischen subjektiven Erfahrungen mit anderen geteilt werden können. Dies kann Handlungsabsichten betreffen, etwa wenn der Säugling einen Keks haben möchte und dieser Wunsch sich der Mutter mitteilt oder wenn Gefühlszustände oder Gegenstände der Aufmerksamkeit miteinander geteilt werden können. Diese Entdeckungen und Erfahrungen laufen darauf hinaus, dass der Säugling eine »Theorie« der getrennten inneren Befindlichkeiten entwickelt.

Dieses intersubjektive Selbst eröffnet neue Möglichkeiten von »Beziehung«: »Erst wenn Säuglinge wahrnehmen können, dass andere Personen sich in einem inneren Zustand befinden oder ihn in sich aufrechterhalten können, der demjenigen ähnlich ist, den sie gerade in sich selbst wahrnehmen, wird ein gemeinsames subjektives Erleben, wird Intersubjektivität möglich. Der Säugling muss eine Theorie nicht nur der getrennten, sondern auch der *berührungsfähigen getrennten Innerlichkeiten* entwickeln« (Stern, 2010, S. 179). Stern beschreibt diese »berührungsfähigen getrennten Innerlichkeiten« wie folgt: »Was in meinem Kopf vorgeht, unterscheidet sich wahrscheinlich nicht allzu sehr von dem, was in deinem Kopf vorgeht, und darum können wir uns das irgendwie (ohne Worte) mitteilen und auf diese Weise Intersubjektivität erleben« (Stern, 2010, S. 179).

Diese erweiterte Selbstwahrnehmung, die Fähigkeit zur Bezogenheit auf deren Inhalte, katapultiert den Säugling gleichsam in einen neuen Bereich, den der intersubjektiven Bezogenheit. Die Kernbezogenheit, die mit der Unterscheidung von Selbst und dem Anderen einhergeht, bildet das Fundament und ist die notwendige Vorbedingung, denn subjektive Erlebnisse können erst mit anderen geteilt werden, wenn die physische Getrenntheit von Selbst und dem Anderen nicht infrage steht. Die drei wichtigsten *inneren Zustände*, die für das interpersonale Geschehen von großer Bedeutung sind und sich über Gestik, Haltung und Gesichtsausdruck kommunikativ vermitteln, bestehen laut Stern (2010, S. 185 ff.) in
- der gemeinsamen Ausrichtung der Aufmerksamkeit,
- der intentionalen Gemeinsamkeit und
- der Gemeinsamkeit affektiver Zustände.

Ein bekanntes Beobachtungsbeispiel zur Überprüfung der Frage, ob Säuglinge auch in der Lage sind, ihren sozialen Interaktionspartnern gemeinsam erlebbare affektive Zustände zuzuschreiben, nutzt die sogenannte *»visuelle Klippe«* (Boll-Klatt, 2014, S. 171 f.). Hier zeigt sich ein Phänomen, das eine Gruppe von Forschern (z. B. Emde, 1991a, 1991b) als *»social referencing«* bezeichnet; gemeint ist damit »eine affektive Kommunikation zweier Personen unter Bezugnahme auf ein äußeres Objekt« (Dornes, 2004, S. 154).

Das intersubjektive Selbst wird aus der Vielzahl der Interaktionen mit der Pflegeperson extrahiert und als das innere Arbeitsmodell des entstehenden Selbst des Säuglings betrachtet. Es entwickelt sich auf der Basis von Interaktionssequenzen mit den gespeicherten Empfindungen, Affekten, Intentionen und den tatsächlich ausgeführten eigenen und fremden Handlungen. Stern nennt die Objektseite des inneren Arbeitsmodells den »evozierten Gefährten«. Gemeint ist damit gewissermaßen eine Standardperson, die erwartet wird, wenn sich das Kind und später der Erwachsene in Interaktionen begibt.

11.4 Phase des Empfindens eines verbalen Selbst

Im zweiten Lebensjahr taucht mit der *Sprache* ein neues Medium des Austauschs auf, durch welches das Selbst und andere gemeinsame Bedeutungen hervorbringen können und sich damit einen neuen Bereich der Bezogenheit erschließen. Aber die Sprache ist ein »zweischneidiges Schwert« (Stern, 2010, S. 231). Sie treibt einen Keil zwischen zwei simultane Formen interpersonalen Erlebens: die Form, wie Interpersonalität ge- und erlebt wird, und die Form, wie sie dargestellt wird.

Mit 15 bis 18 Monaten beginnen Kinder, sich Dinge mithilfe von Zeichen und Symbolen vorzustellen oder psychisch zu repräsentieren. Sie können über Dinge und Personen kommunizieren, die nicht mehr anwesend sind, wie es sich besonders im symbolischen Spiel zeigt (Piaget, 1945/1975). Für Piaget (1936/1975) gibt es kein symbolisches Denken, also kein Denken mithilfe von Bildern oder sprachlichen Zeichen, das sich in Abwesenheit konkreter Objekte entwickelt. Denken entsteht aus der Anwesenheit der Objekte und kann sich erst bei Kleinkindern in diesem Altersabschnitt davon lösen. Globale Handlungsmuster ohne Vorstellungen führen schrittweise zur Entstehung des vorstellungsmäßigen Denkens, und das Denken ist eher ein verinnerlichtes Derivat der Handlung als ein Handlungsersatz.

Wenn diese Überlegungen zutreffen, gibt es keine infantilen Phantasien, mit deren Hilfe sich Säuglinge etwas herbei- oder hinwegphantasieren, sich abwesende Eltern oder vergangene Befriedigungssituationen halluzinatorisch vergegenwärtigen, Impulse und deren psychische Repräsentanzen projizieren oder introjizieren (Dornes, 2004, S. 172). Infantile Grandiosität und halluzinatorische Wunscherfüllung sind Piaget zufolge erst deutlich später möglich, so man denn überhaupt von deren Existenz ausgeht.

Die Fähigkeit zu einer *objektiven Selbstsicht* ist einer der wichtigsten Gewinne dieses Lebensalters. Kinder beginnen, sich selbst objektiv zu sehen, wie es im Zusammenhang mit kindlichem Verhalten vor dem Spiegel, mit dem Gebrauch verbaler Bezeichnungen für sich selbst – sowohl Nutzung des Namens als auch des Pronomens »ich« – nachweisbar ist. 18 Monate alte Kinder wissen anscheinend, dass sie »objektiviert«, also in einer Form repräsentiert werden können, die außerhalb ihres subjektiv empfundenen Selbst existiert. Kinder beginnen nun auch, von sich selbst zu sprechen und Pronomina zu gebrauchen (»ich«, »mich«, »meines«), und verdeutlichen damit, dass sie fähig sind, das Selbst zu objektivieren und so zu handeln, als wäre das Selbst eine begrifflich fassbare äußere Kategorie. Im Hinblick auf die sich einstellende Geschlechtsidentität erkennen die Kinder, dass das Selbst als objektive Entität anderen objektiven Entitäten, Junge oder Mädchen, zugeordnet ist.

12 Gemeinsamkeiten und Unterschiede der Ansätze von Melanie Klein und Daniel Stern

Im Folgenden sollen Kriterien wie die Phantasietätigkeit, das Selbsterleben und die Beziehungserfahrungen des Säuglings in den Theorien von Klein und Stern untersucht und gegenübergestellt werden. Bei aller Unterschiedlichkeit sowohl im methodischen als auch im erkenntnistheoretischen Vorgehen – hier deduktiv, dort induktiv – lassen sich auch erstaunliche Gemeinsamkeiten finden. In beiden Theorien wird von der basalen *Bedeutung körperlicher Vorgänge* und deren Wahrnehmung ausgegangen. Bei Stern handelt es sich um das durch ständige Intero- und Propriozeption vermittelte Körperempfinden, das den Kern des Selbstempfindens bildet. Klein leitet die von ihr postulierten unbewussten Phantasieprozesse der Introjektion und Projektion aus den ersten Körperfunktionen der Einverleibung und Ausscheidung ab. Der schwierige Begriff der Phantasien ist mit körperlichen Zuständen eng verknüpft.

Emotionen sind für das Problem der Selbstentwicklung von zentraler Bedeutung. So sehen es Entwicklungstheoretiker und -psychologen ganz unterschiedlicher Provenienz; alle haben als Organisationsrahmen der Entwicklung emotionale Indikatoren benutzt. Bei Stern und anderen Säuglingsforschern sind es die Vitalitätsaffekte bzw. die Selbstaffektivität, bei Klein steht die Bewältigung von existenzieller Angst als Reaktion auf vernichtende Destruktivität im Zentrum ihrer Theorie. Mit der Spezifität der mimischen Reaktionen ist die Ausdrucksseite für affektive Zustände quasi von Geburt an vorhanden. Der Auffassung vieler Psychoanalytiker und Psychoanalytikerinnen, dass solche Ausdrucksprozesse nicht als »Emotionen« bezeichnet werden können, weil sie keine inneren Repräsentanzen hätten, kann mit dem Verweis auf die somatischen Reaktionen begegnet werden, die statt einer bewussten Wahrnehmung einer spezifischen Emotion das Selbstgewahrsein einer durchaus zu differenzierenden affektiven Erregung im Sinne eines somato-affektiven Zustands ermöglichen. Für das Empfinden und Erleben eines Affekts in diesem frühen Sinn muss das Kind kein Selbstgefühl, wohl aber ein Selbstempfinden haben. Die Betonung der Bedeutung körperlicher Prozesse nicht im engeren Sinn eines Fühlens, sondern im Sinne dieses Empfindens eint die moderne Lesart der kleinianischen Theorie und die Stern'sche Entwicklungspsychologie.

Lichtenberg stellt einer so definierten affektiven Kompetenz die kognitive Inkompetenz von Säuglingen gegenüber und befindet sich damit in Übereinstimmung mit Piaget (siehe oben): »Theoretiker der Psychoanalyse sollten unsere Annahmen in zwei Punkten überdenken: Erstens ist der Säugling zu vielem fähig, was man bisher nicht für möglich gehalten hätte, und zweitens kann er einiges nicht, was man ihm bisher z. B. von Klein zugeschrieben hat. Über Tätigkeiten, die durch Affekte verstärkt und gelenkt werden, ist er zu komplexen Lernschritten fähig, aber noch wichtiger ist, dass er, soweit ich es den verfügbaren Belegen entnehmen kann, die Fähigkeit zur symbolischen Vorstellung weder benötigt noch besitzt« (Lichtenberg, 1991, S. 127). – Nun ist aber die unbewusste Phantasie eines der wichtigsten Konzepte der psychoanalytischen Theorie und Praxis. Es bedurfte allerdings nicht erst der Säuglings- und Kleinkindforschung, um tief greifende Diskussionen zu dieser Thematik anzustoßen. Aufgrund ihrer großen theoretischen und klinischen Bedeutung haben alle psychoanalytischen Schulen (Pine, 1990; Giesers u. Pohlmann, 2010) ein eigenes Konzept dazu entwickelt, sodass es nicht verwunderlich ist, eine große Bandbreite von Definitionen vorzufinden. Bohleber (2019, S. 26 ff.) setzt sich sehr differenziert mit den heterogenen Ansätzen auseinander. Die von Hinshelwood vertretene Interpretation kleinianischer Theorie, wie sie in Kapitel 5 beschrieben wurde, stellt eine interessante Verbindung zu Sterns Entwicklungspsychologie her, da sie auf die Wahrnehmung körperlicher Zustände, Bewegungen und Empfindungen rekurriert, insbesondere derer mit hoher Intensität, die propriozeptiv und interozeptiv vom auftauchenden Selbst beständig registriert werden. Es braucht nicht die zusätzliche Annahme von Phantasie im herkömmlichen visuellen Sinn, um sich vorstellen zu können, wie bedrohlich aversive Körperreaktionen wie Hunger oder Schmerz erlebt werden.

Wenn man davon ausgeht, dass Säuglinge und Kleinstkinder noch nicht über eine symbolische Vorstellungsfähigkeit verfügen und dass die unbewussten Phantasien nicht die organisierende Struktur des seelischen Geschehens in den präverbalen Lebensphasen bilden, lassen sich wesentliche Unterschiede zwischen dem von Klein rekonstruierten Säugling und dem Säugling der Beobachtung konstatieren:

1. Stern stellt die realitätszugewandte Entwicklung des Säuglings und Kleinstkindes in den Mittelpunkt; er sieht keine Notwendigkeit für das Postulat, dass realitätsabwehrende Mechanismen – wie Projektion und Introjektion – der Realitätszugewandtheit vorausgehen. Somit unterscheidet er sich fundamental von Klein, deren wesentliche Annahme darin besteht, dass von Geburt an psychische Konflikte auftreten, die den Einsatz von Abwehrmechanismen erfordern, um das Ich oder das gute Objekt vor der Destruktivität zu schützen. Abwehrmechanismen können Stern zufolge erst in Erscheinung treten, wenn das symbolische Denken bzw. die Phantasietätigkeit im Sinne Piagets verfügbar ist.

2. Das Säuglingsleben bei Stern ist nicht konflikthaft organisiert, sondern unterliegt den realen Beziehungserfahrungen; nicht die Phantasietätigkeit mit ihrer konfliktuösen Potenz bestimmt die Selbstentwicklung, sondern die Manifestation der Erfahrungen von objektiv beobachtbaren Beziehungsepisoden: »Gemäß Sterns Auffassung der realitätsentsprechenden Aufnahme von Formen des Zusammenseins während der ersten Lebensmonate ist die realitätsentstellende Bewältigung von negativen Beziehungserfahrungen ein eigener späterer Prozess« (Dix, 2017, S. 429). Das Kind erwirbt von Geburt an Wissen über Interaktionen mit den Bezugspersonen und bildet daraus Erwartungen und interaktio-

nelle Repräsentationen, die im impliziten Gedächtnis abgelegt werden. Sie haben die Gestalt von unbewussten Überzeugungen über das Selbst und Andere sowie über die Muster ihrer Beziehung. Die zu diesen Mustern gehörenden »evozierten Gefährten« (vgl. Abschnitt 11.3) entsprechen der Realität der Erfahrungen, bei denen der Einfluss des Verhaltens der Bezugsperson auf das kindliche Selbsterleben wesentlich ist. Die evozierten Gefährten unterliegen viel weniger der psychischen Bearbeitung, als dies in der Konzeptualisierung des Objekts bei Klein der Fall ist; sie werden nicht gespalten, idealisiert oder angegriffen. Stern geht entsprechend von einem nichtmodifizierenden Verinnerlichen von Beziehungsepisoden aus. Das Kind entwickelt Vertrauen in sich, wenn sich das regulative Verhalten der Bezugsperson an den Bedürfnissen des Kindes ausrichtet. Diese tatsächlichen Beziehungserfahrungen stellen demnach die Grundlage für ein basales Sicherheitsgefühl dar. Damit gäbe es keine Tautologien wie bei Klein, dass das Kind nur Vertrauen in sich entwickeln kann, wenn es über Vertrauen in seine inneren Objekte verfügt (Dix, 2017, S. 423): »Bei Klein entwickeln sich die inneren Objekte autochthon. Sie macht hier sehr spezielle Annahmen in Bezug auf die Anlagen des Kindes. Sowohl Lebens- und Todestrieb als auch Fantasien von der böswilligen bzw. idealen Brust, von Geschlechtsteilen und dem Körper der Mutter usw. seien konstitutionell gegeben. Das erscheint nicht erst mit moderner Säuglingsforschung sehr fragwürdig«.

3. Interessant ist in diesem Zusammenhang die Gemeinsamkeit der Bedeutung eines Objekts von Beginn des Lebens an in beiden Entwicklungspsychologien. Da aber die Definition des Objektbegriffs sehr unterschiedlich ist, sollte man lieber von einer Bezogenheit sprechen. Im Unterschied zu Klein und auch zu Mahler postuliert Stern ein sich schon in den ersten Lebensmonaten entwickelndes Empfinden einer physischen Getrenntheit vom Objekt. »Self versus others« geht dem Erleben von »self with others« voraus. Demnach wäre die Annahme einer symbiotischen Phase oder auch

einer paranoid-halluzinatorischen Position als normalen Entwicklungsphasen von Kleinstkindern nicht haltbar. Allerdings muss an dieser Stelle unbedingt daran erinnert werden, dass Experimente und Beobachtungen, die das Getrenntheitsempfinden belegen, nur die Zeiten betreffen, in denen Säuglinge und Kleinstkinder wach und entspannt sind, was die Vorbedingung für die Intaktheit ihres Wahrnehmungssensoriums darstellt.

4. Klein, Mahler und später auch Kernberg gehen von einer Gespaltenheit der Selbst- und Objektwelt aus und sprechen von Teilselbsten und Teilobjekten, die die guten und bösen Selbst- und Objektrepräsentanzen auseinanderhalten. Während zum Beispiel Mahler diese Gespaltenheit bis zu einem Alter von etwa 18 Monaten annimmt (Mahler et al., 2008), konstatiert Klein eine vereinheitlichende Integration schon mit etwa sechs Monaten beim Übergang in die depressive Position. Damit steht sie der von den Säuglingsforschern postulierten Einheitlichkeit des Selbstempfindens viel näher als der klassischen psychoanalytischen Entwicklungspsychologie.

13 Wie viel Integration ist möglich und sinnvoll?

Bei aller Unterschiedlichkeit ist es insgesamt verblüffend, festzustellen, dass Einigkeit zwischen verschiedensten Forschungsrichtungen von der klassischen Psychoanalyse über Piaget und die Säuglingsforscher bis hin zu den Kognitions- und Hirnforschern dahingehend besteht, dass sich zu bestimmten Zeitpunkten der frühen und späteren Kindheit sprunghafte Veränderungen in kindlichen Verhaltensweisen und in ihren Fähigkeiten vollziehen; dies betrifft den zweiten, fünften und neunten Lebensmonat, den Zeitraum zwischen dem 15. und 18. Lebensmonat sowie das vierte bis fünfte Lebensjahr (Köhler, 2009). Diese Tatsache zeigt, dass sie alle – so verschieden ihre theoretischen und methodischen Zugänge auch sein mögen – Wesentliches der Entwicklung von Säuglingen und Kindern erfasst haben.

Erst ab Anfang der 1980er Jahre haben Psychoanalytiker mit einer systematischen Rezeption der Ergebnisse der Säuglingsforschung begonnen. An die Stelle scharfer Fronten sind Diskussionen über Einzelfragen und die pragmatische Suche nach intelligenten Konzepten, die zu den empirischen Befunden passen, getreten in dem Bemühen, Widersprüche zu klären, Übereinstimmungen zu erkennen und sich wechselseitig anzuregen. Schon der Ich-Psychologe Heinz Hartmann hatte gefordert, dass Theorien präverbaler Entwicklungsstadien sich sowohl auf Daten der Rekonstruktion als auch auf solche, die aus direkter Beobachtung gewonnen wurden, stützen müssten (Hartmann, 1939/1970, S. 108 ff.).

Fonagy und Target (2006, S. 406 ff.) plädieren beinahe leidenschaftlich dafür, dass Methoden, die in den modernen Sozial- und biologischen Wissenschaften gebräuchlich sind, Eingang finden in psychoanalytisches Vorgehen der Datensammlung und dass der »*enumerative Induktionismus*« überwunden werde. Folgt man den Vorstellungen der beiden Autoren, dann sollte die Psychoanalyse als Wissenschaft eine integrative Disziplin darstellen, die sich die Erkenntnisse möglichst zahlreicher Informationsquellen zunutze macht und sich auf die Schwierigkeiten konzentriert, mit denen subjektive Erfahrungsaspekte das Individuum im Laufe der adaptiven oder fehlangepassten Entwicklung konfrontieren. Auch Dornes (2004, S. 18) wandte sich ausdrücklich gegen die Dichotomisierung der Diskurswelten und befindet sich mit seinen Formulierungen im Einklang mit der Forderung von Fonagy und Target (2006, S. 429), nämlich die Erklärungen aus anderen Disziplinen zuzulassen. Bereits zwanzig Jahre vorher hatte sich Stoller (1978, S. 7) prägnant zu dieser Diskussion geäußert: »Obwohl die Analyse der Übertragung eine feine Datenquelle dafür ist, wie der Patient seine Kindheit erlebte, sollte man das nicht mit dem verwechseln, was tatsächlich passierte. Um letzterem näherzukommen, müssen wir auch herausfinden, was die Eltern getan und gefühlt haben. Für mich ist die genaue und kontrollierende Beobachtung von Kindern ein großer Fortschritt, der die Psychoanalyse in die Richtung auf die Wissenschaft, die sie zu sein beansprucht, voranbringen kann.« In Anlehnung an Altmeyer und Thomä (2006) könnte man formulieren: Melanie Kleins heroische Individuierungsgeschichte, die als innerer Kampf zwischen existenzieller Bedrohung, Verfolgungsängsten und Neid, zwischen Schuldgefühlen und Wiedergutmachungsbestrebungen inszeniert wird, sollte ergänzt werden durch eine romantische Version einer auf realer Einstimmung, Reziprozität und Anerkennung beruhenden Ontogenese.

Bewegungen im beschriebenen Spannungsfeld zwischen klassischer psychoanalytischer Entwicklungstheorie und Säuglingsforschung markieren grundlegende Bewegungen zwischen der ausschließlichen Verwendung hermeneutisch-konstruktivistischer Methodik in der theoretischen Reflexion narrativen Materials einerseits und der empirisch-objektivierenden Forschung andererseits (Leuzinger-Bohleber, 1995). In der *Diskurswelt* der hermeneutisch-konstruktivistischen Methode würde man etwa kleinianische Begriffe wie die paranoid-schizoide Position oder die »gute« und die »böse Brust« dann nicht entwicklungspsychologisch verstehen, sondern als narrative Schemata, als Konstrukte, die es ermöglichen, einen Sinn in klinischen Phänomenen wie Verfolgungs- und Vernichtungsängsten zu sehen. Die *Metapher einer paranoid-schizoiden Entwicklungsphase* würde dann einen Entwurf des Bildes einer Kindheit bereitstellen, der es ermöglicht, eine kontinuierliche und kohärente Lebensgeschichte zu konstruieren.

Hier schließt sich nun der Kreis: Anknüpfend an die einleitenden Überlegungen zu diesem Buch möchten wir abschließend herausstellen, dass Beobachtungen und Daten aus Experimenten mit Säuglingen und Kleinkindern auf völlig anderer Ebene als jene der rekonstruierenden Psychoanalyse angesiedelt sind. Diese Tatsache zwingt uns immer wieder aufs Neue zur Beachtung des sogenannten »*Kategorienfehlers*« (Leuzinger-Bohleber u. Pfeifer, 2013, S. 29 ff.), den man begeht, wenn man Daten aus der empirisch-objektivierenden mit den Erkenntnissen der hermeneutisch-konstruierenden Diskurswelt verbindet. Bohleber (2019, S. 27) schreibt: »Wir besitzen keine Methodologie, die systematisch angewendet werden könnte, um die unterschiedlichen Theorien und behandlungstechnischen Zugänge zu vergleichen und um Kompatibilitäten bzw. Konvergenzen, aber auch Divergenzen methodisch nachvollziehbar zu beschreiben. Dieser Mangel wird zwar immer wieder beschworen, aber es gibt bis heute keinen Konsens darüber, wie zugunsten der einen oder anderen aus der Reihe rivalisierender und inkompatibler Theorien zu entscheiden wäre und wie eine Integration divergenter Konzepte und Theorien möglich erscheinen könnte.«

Eine mit einer zunehmenden Realisierung wissenschaftlicher Anschlussfähigkeit der Psychoanalyse einhergehende Gefahr sehen Leuzinger-Bohleber und Pfeifer (2013, S. 29 ff.) in einer Unterwerfung unter den Zeitgeist und einem inadäquaten Wissenschaftsverständnis des »Schneller-Billiger-Effizienter«, der nur durch kontinuierliche kritische Reflexion begegnet werden kann. Die Autoren schreiben:

»Dieses Spannungsfeld kann nicht aufgelöst werden, sondern nur ständig in interdisziplinären, intergenerationellen und internationalen Diskursen kritisch reflektiert werden« (S. 29 ff.). Eine fast vorbildlich zu nennende Ausnahme bietet die die Arbeitsgruppe um Fonagy und Target, die anhand empirischer Beobachtungsdaten vorsprachliche Beziehungs- und Kommunikationsprozesse zwischen Müttern und Kleinstkindern präzise erfassen und deren Bedeutung für eine gesunde oder pathologische Entwicklung basaler seelischer Strukturen und Funktionen definieren. Damit wurde die in den Originaltexten häufig schwer verständliche Annahme Bions validiert, dass das Kleinkind auf sehr differenzierte unbewusste Kompetenzen der Mutter angewiesen ist, um überflutende und höchst beängstigende affektive Zustände (Beta-Elemente) in zunehmend reifere, autonome Verarbeitungsprozesse (Alpha-Funktion und -Elemente) zu überführen. Die Implikationen für eine beziehungsorientierte Behandlungstheorie und -technik liegen auf der Hand und wurden in der Konzeptualisierung der Mentalisierungsbasierten Therapie umgesetzt (vgl. Euler u. Walter, 2018; Taubner, 2015).

Schafer (1990, S. 52; zit. n. Bohleber, 2019, S. 21) plädiert dafür, auf einen einzigen »*Mastertext für die Psychoanalyse*« zu verzichten und »stattdessen unsere Unterschiede zu feiern und zu studieren und in Offenheit und Unsicherheit weiter zu wachsen, wie wir es getan haben«.

14 Bedeutung der Säuglings- und Kleinkindforschung für die psychotherapeutische Arbeit

Ergebnisse der Säuglingsforschung auch in Kombination mit Befunden der Neurobiologie sind inzwischen in viele psychodynamische Theorien und Konzepte eingeflossen. Rudolf (2014, S. 24) veranschaulicht die Entwicklung struktureller Fähigkeiten und intrapsychischer Konflikte – er nennt es *Entwicklungsakzente* – in Abhängigkeit von der Reifung der Gehirnzentren. Sowohl die Struktur- als auch die Konfliktachse der Operationalisierten Psychodynamischen Diagnostik (OPD; Arbeitskreis OPD, 2006) nehmen darauf Bezug. In der Konzipierung der Strukturbezogenen Psychotherapie bezieht sich Rudolf (2012) auf die Ergebnisse der Säuglings- und Kleinkindforschung.

Die schon erwähnte Bindungsforschung (siehe Kapitel 9) liefert ein Musterbeispiel für eine empirisch gewonnene Theorie der Angstverarbeitung von Kleinkindern. Allerdings sind diese mit 18 Monaten deutlich älter als die Kleinstkinder, auf die sich die kleinianische Theorie der Angstbewältigung bezieht. Bindungstheoretische Erkenntnisse können wirkungsvoll dazu beitragen, psychotherapeutische Prozesse, insbesondere die spezifische Übertragungs-Gegenübertragungs-Dynamik, effektiv zu handhaben (Strauß, 2007). In diesem Kontext ist besonders das schon häufiger zitierte Mentalisierungskonzept (z. B. Allen, Fonagy u. Bateman, 2016) hervorzuheben. Es beinhaltet eine Verbindung der Theorien vor allem von Winnicott und Bion mit Befunden der Säuglings- und Kleinkindforschung sowie insbesondere die der Bindungstheorie.

Der Intersubjektivismus (Stolorow, Brandchaft u. Atwood, 1987) und die relationale Psychoanalyse (Mitchell, 2003) beziehen sich in wesentlichen Aspekten auf Stern (Schultz-Venrath, 2015). So hat beispielsweise Jiménez (2006) gezeigt, dass Ergebnisse der neurokognitiven sowie der Säuglings- und Entwicklungsforschung dem relationalen Modell, das davon ausgeht, dass die analytische bzw. psychotherapeutische Situation eine inhärente intersubjektive Struktur besitzt, eine breite empirische Basis verschaffen können.

In ihrem 2012 veröffentlichten Buch stellen Stern und seine Arbeitsgruppe dar, wie die Ergebnisse der psychoanalytisch inspirierten Säuglings- und Kleinkindforschung vielfältige Belege für die Sinnhaftigkeit des Vorgehens in der psychodynamischen Psychotherapie liefern und wie diese unsere psychopathogenetischen und behandlungstechnischen Konzeptionen wirkungsvoll bereichern können (Stern u. The Boston Change Process Study Group, 2012; vgl. auch Dornes, 2004, S. 244 ff.; Boll-Klatt u. Kohrs, 2018a, S. 217 ff.). Beispielhaft wäre hier die Nutzung der sogenannten Modellszenen zu nennen. Diese Szenen bezeichnen Experimente wie das »Still face procedure«, die »visuelle Klippe« oder auch den in der Bindungsforschung verwendeten Fremde-Situations-Test (Boll-Klatt u. Kohrs, 2018a, S. 172 ff.) und geben Auskunft über unterschiedliche kindliche Reaktionsweisen. Therapeutische Sequenzen lassen sich unmittelbar darauf beziehen; so hilft die Vergegenwärtigung dieser Szenen in der Phantasie des Therapeuten insbesondere schwierige Übertragungs-Gegenübertragungs-Dynamiken zu handhaben, indem sie den Rahmen und die Möglichkeiten einer inneren Distanzierung mit einer Wiederherstellung der mentalisierenden Kompetenz des Therapeuten erweitert.

Literatur

Allen, J. G., Fonagy, P., Bateman, A. W. (2016). Mentalisieren in der psychotherapeutischen Praxis (2. Aufl.). Stuttgart: Klett-Cotta.
Altmeyer, M. (2006). Narzissmus-Theorie und Säuglingsforschung. In O. F. Kernberg, H. P. Hartmann (Hrsg.), Narzissmus. Grundlagen – Störungsbilder – Therapie (S. 71–94). Stuttgart: Schattauer.
Altmeyer, M., Thomä, H. (2006). Einführung: Psychoanalyse und Intersubjektivität. In M. Altmeyer, H. Thomä (Hrsg.), Die vernetzte Seele. Die intersubjektive Wende in der Psychoanalyse (S. 7–31). Stuttgart: Klett-Cotta.
Andergassen, L. (Hrsg.) (2015). Der Traum vom späteren Leben – Kinderporträts von 1500 bis heute. Bozen: Athesia.
Arbeitskreis OPD (Hrsg.) (2006). Operationalisierte Psychodynamische Diagnostik OPD-2. Das Manual für Diagnostik und Therapieplanung. Bern u. a.: Huber.
Ariès, P., Duby, G. (1993). Geschichte des privaten Lebens. Frankfurt a. M.: Fischer.
Bayer, L. (2015). Heimatbilder. Zur Malerei Edward Hoppers. Psyche – Zeitschrift für Psychoanalyse und ihre Anwendungen, 69, 239–256.
Bernfeld, S. (1925). Psychologie des Säuglings. Wien: Springer.
Bion, W. R. (1959/1990). Angriffe auf Verbindungen. In E. B. Spillius (Hrsg.), Melanie Klein heute, Band 1 (S. 110–129). Stuttgart: Klett-Cotta.
Bion, W. R. (1962/1990). Lernen durch Erfahrung. Frankfurt a. M.: Suhrkamp.
Bohleber, W. (2018). Übertragung – Gegenübertragung – Intersubjektivität. Psyche – Zeitschrift für Psychoanalyse und ihre Anwendungen, 72, 702–733.
Bohleber, W. (2019). Von der Orthodoxie zur Pluralität – Kontroversen über Schlüsselbegriffe der Psychoanalyse. Göttingen: Vandenhoeck & Ruprecht.
Bollas, C. (2014). Der Schatten des Objekts. Das ungedachte Bekannte: Zur Psychoanalyse der frühen Entwicklung (4. Aufl.). Stuttgart: Klett-Cotta.

Boll-Klatt, A. (2014). Die psychoanalytisch inspirierte Säuglings- und Kleinkindforschung. In A. Boll-Klatt, M. Kohrs, Praxis der psychodynamischen Psychotherapie. Grundlagen – Modelle – Konzepte (1. Aufl., S. 154–179). Stuttgart: Schattauer.

Boll-Klatt, A., Kohrs, M. (2018a). Praxis der Psychodynamischen Psychotherapie. Grundlagen – Modelle – Konzepte (2. Aufl.). Stuttgart: Schattauer.

Boll-Klatt, A., Kohrs, M. (2018b). Tiefenpsychologisch fundierte Psychotherapie. Stuttgart: Kohlhammer.

Brazelton, B., Als, H. (1979). Four early stages in the development of mother-infant interaction. Psychoanalytic Study of the Child, 34, 349–369.

Dix, M. (2017). Beziehungserfahrungen und Fantasietätigkeit von Säuglingen in den Theorien von Melanie Klein und Daniel Stern. Forum der Psychoanalyse, 33, 415–430.

Dornes, M. (2000). Die emotionale Welt des Kindes. Frankfurt a. M.: Fischer.

Dornes, M. (2003). Die frühe Kindheit – Entwicklungspsychologie der ersten Lebensjahre (7. Aufl.). Frankfurt a. M.: Fischer.

Dornes, M. (2004). Der kompetente Säugling – die präverbale Entwicklung des Menschen (11. Aufl.). Frankfurt a. M.: Fischer.

Dornes, M. (2008). Die Seele des Kindes (2. Aufl.). Frankfurt a. M.: Fischer.

Emde, R. (1991a). Die endliche und unendliche Entwicklung. I. Angeborene und motivationale Faktoren aus der frühen Kindheit. Psyche – Zeitschrift für Psychoanalyse und ihre Anwendungen, 45, 745–779.

Emde, R. (1991b). Die endliche und unendliche Entwicklung. II. Neuere psychoanalytische Theorie und therapeutische Überlegungen. Psyche – Zeitschrift für Psychoanalyse und ihre Anwendungen, 45, 890–913.

Euler, S., Walter, M. (2018). Mentalisierungsbasierte Psychotherapie (MBT). Stuttgart: Kohlhammer.

Fonagy, P., Target, M. (2006). Psychoanalyse und die Psychopathologie der Entwicklung (2. Aufl.). Stuttgart: Klett-Cotta.

Frank, C., Weiß, H. (Hrsg.) (2017). Projektive Identifizierung (3. Aufl.). Stuttgart: Klett-Cotta.

Freud, S. (1908). Charakter und Analerotik. GW VII. Frankfurt a. M.: Fischer.

Freud, S. (1915). Das Unbewußte. GW X (S. 264–303). Frankfurt a. M.: Fischer.

Freud, S. (1916/17). Trauer und Melancholie. GW X (S. 210–232). Frankfurt a. M.: Fischer.

Freud, S. (1923). Das Ich und das Es. GW XIII (S. 237–289). Frankfurt a. M.: Fischer.

Freud, S. (1927). Nachwort zur Laienanalyse. GW XIV. Frankfurt a. M.: Fischer.
Freud, S. (1937). Konstruktionen in der Analyse. GW XVI (S. 43–45). Frankfurt a. M.: Fischer.
Giesers, P., Pohlmann, W. (2010). Die Entwicklung der Neurosenformel in den vier Psychologien der Psychoanalyse. Psyche – Zeitschrift für Psychoanalyse und ihre Anwendungen, 64, 643–667.
Green, A. (2000a). Warum Böses? In A. Green, Geheime Verrücktheit. Grenzfälle der psychoanalytischen Praxis (S. 263–299). Gießen: Psychosozial.
Green, A. (2000b). Science und Science-fiction in der Säuglingsforschung. Zeitschrift für psychoanalytische Theorie und Praxis, 15, 438–466.
Hartmann, H. (1939/1970). Ich-Psychologie und Anpassungsproblem. Stuttgart: Klett.
Hinshelwood, R. D. (2004). Wörterbuch der kleinianischen Psychoanalyse (2. Aufl.). Stuttgart: Klett-Cotta.
Jiménez, J. P. (2006). After pluralism: Towards a new integrated psychoanalytic paradigm. International Journal of Psychoanalysis, 87, 1487–1507.
Kennel, R., Reerink, G. (Hrsg.) (2015). Klein – Bion. Eine Einführung (4. Aufl., S. 101–112). Frankfurt a. M.: Brandes & Apsel.
Klein, M. (1927/1991). Frühstadien des Ödipuskomplexes. Frankfurt a. M.: Fischer.
Klein, M. (1935/2015). Zur Psychogenese der manisch-depressiven Zustände. In M. Klein, Das Seelenleben des Kleinkindes (10. Aufl., S. 55–94), Stuttgart: Klett-Cotta.
Klein, M. (1946/2015). Bemerkungen über einige schizoide Mechanismen. In M. Klein, Das Seelenleben des Kleinkindes (10. Aufl., S. 131–163). Stuttgart: Klett-Cotta.
Klein, M. (1955/2015). Die psychoanalytische Spieltechnik: Ihre Geschichte und Bedeutung. In M. Klein, Das Seelenleben des Kleinkindes (10. Aufl., S. 12–25). Stuttgart: Klett-Cotta.
Klitzing, K. von (Hrsg.) (1998). Psychotherapie in der frühen Kindheit. Göttingen: Vandenhoeck & Ruprecht.
Köhler, L. (2009). Psychoanalyse und menschliche Entwicklung. Was Freud entdeckte und was er noch nicht wusste. In M. Ermann (Hrsg.), Was Freud noch nicht wusste. Neues über Psychoanalyse (2. Aufl.). Frankfurt a. M.: Brandes & Apsel.
Kohrs, M. (2018). Der psychoanalytische Blick – Traum und Film. In W. Berner, G. Amelung, A. Boll-Klatt, U. Lamparter (Hrsg.), Von Irma zu Amalie. Der Traum und seine psychoanalytische Bedeutung im Wandel der Zeit (S. 209–230). Gießen: Psychosozial.

Kohrs, M., Boll-Klatt, A. (2018). Borderline – zwischen Trieb und Trauma. Göttingen: Vandenhoeck & Ruprecht.

Krause, R. (2012). Allgemeine psychodynamische Behandlungs- und Krankheitslehre. Grundlagen und Modelle (2. Aufl.). Stuttgart: Kohlhammer.

Krejci, E. (1999). Psychogenese im ersten Lebensjahr. Tübingen: Edition Diskord.

Kristeva, J. (2008). Das weibliche Genie – Melanie Klein. Das Leben, der Wahn, die Wörter. Gießen: Psychosozial.

Leuzinger-Bohleber, M. (1995). Die Einzelfallstudie als psychoanalytisches Forschungsinstrument. Psyche – Zeitschrift für Psychoanalyse und ihre Anwendungen, 49, 434–480.

Leuzinger-Bohleber, M., Pfeifer, R. (2013). Embodiment: Psychoanalyse und Embodied Cognitive Science in Zeiten revolutionären Umdenkens. In M. Leuzinger, R. N. Emde, R. Pfeifer (Hrsg.), Embodiment – ein innovatives Konzept für Entwicklungsforschung und Psychoanalyse (S. 39–74). Göttingen: Vandenhoeck & Ruprecht.

Lichtenberg, J. D. (1991). Psychoanalyse und Säuglingsforschung. Heidelberg: Springer.

Lichtenberg, J. D., Lachmann F. M., Fosshage, J. (2000). Das Selbst und die motivationalen Systeme. Frankfurt a. M.: Brandes & Apsel.

Ludwig-Körner, C. (2016). Eltern-Säuglings-Kleinkind-Psychotherapie. Göttingen: Vandenhoeck & Ruprecht.

Mahler, M. S., Pine, F., Bergmann, A. (2008). Die psychische Geburt des Menschen – Symbiose und Individuation (19. Aufl.). Frankfurt a. M.: Fischer.

Mitchell, S. A. (2003). Bindung und Beziehung. Auf dem Weg zu einer relationalen Psychoanalyse. Gießen: Psychosozial.

Nauenheim, S. (2016). Das Drama des kompetenten Säuglings. Zur Dynamik erlebter und gelebter seelischer Strukturen in der frühesten Kindheit Gießen: Psychosozial.

Piaget, J. (1936/1975). Das Erwachen der Intelligenz beim Kinde. Gesammelte Werke, Band 1. Studienausgabe. Stuttgart: Klett-Cotta.

Piaget, J. (1945/1975). Nachahmung, Spiel und Traum. Gesammelte Werke, Band 5. Studienausgabe. Stuttgart: Klett-Cotta.

Pine, F. (1990). Die vier Psychologien und ihre Bedeutung für die Praxis. Forum der Psychoanalyse, 6, 232–249.

Reerink, G. (2015). Theorie des Denkens: Freud und Bion. In R. Kennel, G. Reerink (Hrsg.), Klein – Bion. Eine Einführung (4. Aufl., S. 101–112). Frankfurt a. M.: Brandes & Apsel.

Reich, W. (1933/1973). Charakteranalyse. Frankfurt a. M.: Fischer.

Roudinesco, E., Plon, M. (2004). Wörterbuch der Psychoanalyse. Namen, Länder, Werke, Begriffe. Wien u. New York: Springer.

Rudolf, G. (2012). Strukturbezogene Psychotherapie: Leitfaden zur Psychotherapie struktureller Störungen (3. Aufl.). Stuttgart: Schattauer.

Rudolf, G. (2014). Psychodynamische Psychotherapie. Die Arbeit an Konflikt, Struktur und Trauma (2. Aufl.). Stuttgart: Schattauer.

Schafer, R. (1990). The search for common ground. International Journal of Psychoanalysis, 71, 49–52.

Schultz-Venrath, U. (2015). Lehrbuch Mentalisieren. Psychotherapien wirksam gestalten (3. Aufl.). Stuttgart: Klett-Cotta.

Segal, H. (1974). Melanie Klein. Eine Einführung in ihr Werk (2. Aufl.). Frankfurt a. M.: Brandes & Apsel.

Seiffge-Krenke, I. (2008). Psychotherapie und Entwicklungspsychologie. Beziehungen: Herausforderungen, Ressourcen, Risiken (2. Aufl.). Heidelberg: Springer.

Seiffge-Krenke, I. (2017). Widerstand, Abwehr und Bewältigung. Göttingen: Vandenhoeck & Ruprecht.

Steiner, J. (2015). Orte des seelischen Rückzugs. Pathologische Organisationen bei psychotischen, neurotischen und Borderline-Patienten (5. Aufl.). Stuttgart: Klett-Cotta.

Stern, D. N. (1999). Tagebuch eines Babys. Was ein Kind sieht, spürt, fühlt und denkt (7. Aufl.). München: Piper.

Stern, D. N. (2010). Die Lebenserfahrung des Säuglings (10. Aufl.). Stuttgart: Klett-Cotta.

Stern, D. N., The Boston Change Process Study Group (2012). Veränderungsprozesse. Ein integratives Paradigma. Frankfurt a. M.: Brandes & Apsel.

Stoller, R. J. (1978). Primary feminity. Journal of the American Psychoanalytic Association, 24, 76–94.

Stolorow, R. D., Brandchaft, B., Atwood, G. E. (1987). Psychoanalytische Behandlung. Ein intersubjektiver Ansatz. Frankfurt a. M.: Fischer.

Stone, J., Smith, H., Murphy, L. (Eds.) (1973). The competent infant. New York: Basic Books.

Strauß, B. (2007). Bindungsforschung und therapeutische Beziehung. In M. Hermer, B. Röhrle (Hrsg.), Handbuch der therapeutischen Beziehung. Tübingen: dgvt.

Strauß, B. (Hrsg.) (2008). Bindung und Psychopathologie. Stuttgart: Klett-Cotta.

Strauß, B., Schauenburg, H. (Hrsg.) (2017). Bindung in Psychologie und Medizin. Grundlagen, Klinik und Forschung. Ein Handbuch. Stuttgart: Kohlhammer.

Taubner, S. (2015). Konzept Mentalisieren. Eine Einführung in Forschung und Praxis. Gießen: Psychosozial.

Wiedemann, W. (2007). Wilfred Bion. Biografie, Theorie und klinische Praxis des »Mystikers der Psychoanalyse«. Gießen: Psychosozial.

Wildberger, H. (2015). Pathologische Organisationen. In R. Kennel, G. Reerink (Hrsg.), Klein – Bion. Eine Einführung (4. Aufl., S. 126–139). Frankfurt s. M.: Brandes & Apsel.

Wolff, P. (1959). Observations on newborn infants. Psychosomatic Medicine, 21, 110–118.

Zepf, S. (2006). Psychoanalyse und Säuglingsbeobachtung. Einige epistemologische und methodologische Anmerkungen. Kinderanalyse, 14, 126–144.